# 职场心理领导力

## 从自我赋能到危机预防

李黎 主编

北 京

冶 金 工 业 出 版 社

2025

# 内 容 提 要

职场中的压力管理与情绪健康现状不容乐观。职场情绪和压力所带来的问题严重影响了职工的身心健康，由此带来的精神健康问题、潜在危机，不仅困扰着个人，也使组织沟通成本增加、工作效率和生产力下降，给企业带来了不可估量的损失。

本书从压力管理、情绪调节、人际关系、职场心理危机、自助助他等角度讲述相关理论，并结合案例解读和实操技能分享，帮助企业打造健康的心理环境，帮助各层级管理者预防、识别、干预职场心理危机状况，提升心理领导力和心理健康调适能力，从而促进职工心理健康，提高企业经营效率。

这是一本来自临床总结和社会实践的工具书，既可以作为企业管理的案头参考书和培训教材，也可供心理爱好者阅读使用。

**图书在版编目（CIP）数据**

职场心理领导力：从自我赋能到危机预防 / 李黎主编 . -- 北京：冶金工业出版社，2025. 5. -- ISBN 978-7-5240-0172-0

Ⅰ. C933-49

中国国家版本馆 CIP 数据核字第 2025L7X867 号

**职场心理领导力　从自我赋能到危机预防**

| | |
|---|---|
| **出版发行** 冶金工业出版社 | **电　话**　（010）64027926 |
| **地　　址** 北京市东城区嵩祝院北巷 39 号 | **邮　编**　100009 |
| **网　　址** www.mip1953.com | **电子信箱**　service@mip1953.com |

责任编辑　宋　丹　美术编辑　彭子赫　版式设计　郑小利
责任校对　葛新霞　责任印制　范天娇
三河市双峰印刷装订有限公司印刷
2025 年 5 月第 1 版，2025 年 5 月第 1 次印刷
710mm×1000mm　1/16；17 印张；212 千字；254 页
**定价 68.00 元**

投稿电话　（010）64027932　投稿信箱　tougao@cnmip.com.cn
营销中心电话　（010）64044283
冶金工业出版社天猫旗舰店　yjgycbs.tmall.com
（本书如有印装质量问题，本社营销中心负责退换）

# 《职场心理领导力》编委会

— ◇♡◇ —

**主　编**

李　黎

**副主编**

曾庆枝　李　煦

**编　委**

江海燕　牛小娜　孙　岩　王　琰　郑思思

# 推荐序一

# 身心一体，给职场人更多关爱

———————— ◇♡◇ ————————

传统上，人的一生大致分为受教育期、就业期和退休期，其中，就业期最长。而随着人类寿命不断延长，人们的就业期也必将有所延长。

人的健康包括身体、精神和社会关系等多个方面，既是影响就业的重要基础因素，也持续受到就业过程的影响。人类关注身体方面的健康，对疾病的认知和干预能力高度发展，但在精神健康方面则显著滞后。精神健康问题无论是成因、认知还是干预手段，都更加复杂。我们知道机体调节心率、调节血糖的每一个环节，但不知道一个好消息之所以使人心情愉悦、一个坏消息之所以令人沮丧的详细的情绪调节机制。精神健康既包括心理情绪问题，也包括神经系统的病理问题。这就导致对精神健康的评估没有像测量血压、血糖那样简单又客观的评价指标，自然也缺乏高效又有针对性的干预手段。

在职场，工作活动和工作环境是从业人员精神健康状态的最主要影响因素。在国际上，对工作场所从业人员精神健康的研究、认知和干预也是近些年才发展起来的，虽初步形成了健康管理领域的重要分支，但在理论上还未形成较系统的体系，在实践上还没有较完整的指导。然而，企业或机构等具有组织严密、集体资源的特点，需要从业人员具有良好的精神健康状态，有采取群体措施开展健康管理、保护从业者精神健康的内在需求。

　　我国有世界上较为庞大的产业群体和相关从业人员，生产了占世界总产值三分之一以上的产品。维护从业人员的健康是产业可持续发展的根本保障。在职场影响精神健康的诸多因素中，与工作有关的压力是被公认的全球性问题，对所有从业者都有影响。如何在职业场所形成健康的环境，通过实施有效的精神健康干预措施促进所有从业人员的身心健康，是当下健康管理的迫切需求。

　　本书作者长期从事精神健康的临床工作和社区心理健康的研究与干预，有丰富的专业知识、实践经验和高度的使命感，从职场心理健康环境、工作场所的压力、情绪变化、人际关系和心理危机等角度系统地总结了职场心理健康问题的预防、识别与干预措施。本书内容系统、丰富，案例生动，可操作性强，不仅关注个体心理成长，而且强调发挥企业、机构的组织优势，指出了员工的"心力"管理对企业发展的重要作用。

　　相信本书的出版将对我国职场精神健康的管理发挥积极的作用。

上海拓新健康促进中心理事长

中国疾病预防控制中心原主任

王　宇

2025 年 1 月

# 推荐序二

# 未雨绸缪，应对职场心理压力

———— ◇♡◇ ————

当我一看这本书的目录和开场白时，就满满地感受到了本书的作者们，在当今时代背景下从事职场心理压力应对的长期实践中积极进取、主动迎战的斗志，以及为在科学循证和务实接地气且可操作的服务形式之间保持平衡的艰难努力。

我作为一名精神科医生和临床心理专家，因为社会需求的逐步增长和个人兴趣，主动介入到职场心理压力应对的领域进行各种尝试，或者说是EAP（Employee Assistance Program，员工帮助计划）的实践，至今已经有近30年的经验了。关于这个领域工作的重要性我就无需多说了，但实践中的酸甜苦辣，还真是一言难尽。我看了这本书，会勾起很多回忆。我想，每个从事过这个领域工作的人都有不少自己独特的苦衷和乐趣吧。

进入到各种各样的职业场所去提供各种需要互相配合、协调组织的心理健康促进服务，总体来说是一种客户需求导向的服务形式，完全不同于我们所习惯的日常临床服务。这不但考验我们心理健康专业人员的综合能力和整个团队的服务输出能力，还很挑战专业人员的职业自尊和自恋。我们临床专业工作者，受到过严谨而系统的专业训练，工作中形成了一些思维定势，例如，总是喜欢从"一个群体或个体，有什么样的心理问题，是多么严重的问题，用什么样的方法可以干预，需要多长的时间，最后从哪些指标如何评估效果"等视角来看问题，而一旦启动企事业单位或各级政府机关职场心理服务项目时，首先要考虑的却是服务购买方的决策者（领导）担忧的是什么，他们在那个情境中真正需要的服务内容和形式又是什么，具体负责这个项目的部门联络人心里在意的服务又是什么，而最容易被忽略的往往是基层广大员工的各种各样、形形色色的心理需求。与此同时，我们又要考虑自己的人力、时间成本和能获得的资源，哪怕是政府资助的示范性项目，也要考虑政府管理部门考核验收的指标是什么。而所有这些不同角色的需求往往又是错位和互相矛盾的。

这时，我们往往会想，我们能做成什么，值得我们这样去做吗？仅仅场面上热闹和丰富就交代得过去吗？我们认为很重要的服务形式和内容，得不到项目购买方决策者的积极回应和配合怎么办？其中有什么环节还没沟通好吗？各方的利益都被均衡考虑了吗？这些都很考验我们在现场的共情能力，也考验我们在某个当下渴望追求成功与接受现实局限的平衡能力。在不断接受沮丧的同时还能保持热情，把各种职场心理压力应对的项目做好，对于平时习惯按部就班做临床工作的专业人员来说实属不易。

基于以上这些，我们就更加能够理解这本书各个章节的内容安排为什么会是这样的。既有阐述宏观的心理健康、压力和情绪的丰富系统的内容，又有职场心理中特别重要的议题，如人际关系和各种心理危机应对的内容，更没有回避职场心理问题中最严重的部分，如心身疾病、抑郁症、焦虑症、睡眠障碍及其他各种常见心理障碍的识别和处理原则，最后的落脚点是如何做到能够助人和自助。满满的人文关怀、切实可行的问题解决策略和细致的实施步骤。尤为可贵的是，本书作者们根据不同的内容采用不同的书写体例，形式活泼，可读性强，一目了然。没有站在客户需求的角度积累了充分的实践经验并进行深入思考和取舍，是写不出这样的内容的。

希望本书对于准备或正投身于职场心理健康促进工作的人士，

不管采用的服务形式是心理热线电话，还是职场内部心理危机个体或团体干预，或者是各种议题的大型心理科普讲座、小型团体心理辅导、趣味心理拓展活动等，你都能在本书中找到平衡专业性、员工需求和管理者需求的公共卫生服务的视角，并能结合自己的需求进行创造性拓展，不断在实践中成长，为社会心理服务贡献自己的一份力量。

张海音

2025年元旦于上海徐家汇

# 前　言

————————— ◇♡◇ —————————

"我们不想等出现很多问题时才被动应对，而是希望采取积极主动的措施，提前预判可能面临的挑战与风险，制定系统的预防与应对策略，主动出击，将问题解决在萌芽状态，助力团队的高效运作和心理生产力的提升。"这是三年前 A 公司高管李华和我们专家团队探讨企业员工心理健康建设时说过的一句话。这在当时还是比较有前瞻性的思考。

职场心理健康问题由来已久。早在 1948 年，世界卫生组织（WHO）就指出，健康不仅是没有病和不虚弱，还包括身体、心理、社会功能三个方面的完满状态。近年来，随着职场压力的增大和心理健康意识的提升，职场心理健康问题逐渐受到社会各界的广泛关注。职场心理健康问题涉及情绪、认知、行为和人际关系等多个方面，不仅影响员工个人的工作和生活质量，还对企业的生产效率和长远发展产生深远影响。

在多年的工作场所心理健康促进工作中，我们感受到了可喜的变化：随着社会压力的增大和心理健康意识的普及，人们对职场心理健康问题的态度逐渐从回避到正视，从感到羞耻到坦然面对。这一转变得益于国际社会对精神卫生工作的重视和推动，以及国内相关政策和法规的不断完善。从国际劳工组织颁布的《消除就业和职业歧视公约》，到世界卫生组织发布的《工作中的心理健康指南》，再到我国《中华人民共和国劳动法》《中华人民共和国精神卫生法》及《"健康中国2030"规划纲要》的出台，都为职场心理健康问题的解决提供了坚实的法律依据和政策基础。当然，这也离不开企事业单位对员工心理问题的日益重视，离不开心理健康服务行业的发展与支持。

在时代演进的潮流中，在繁忙的工作节奏中，我们深知心理健康对于每一个职场人的重要性。心理健康状况不佳会降低生产力，使社会关系紧张，加剧不利处境的循环，从而阻碍发展。相反，当人们身心健康，并在健康的心理环境中居住或工作时，他们就能富有成效地学习或工作，为企业生产力提升和社会发展作出贡献。越来越多的证据表明，改变职场的心理健康状态不仅需要增加获得优质服务和护理的机会，还需要雇主和雇员共同努力，更多地关注和投入，解决影响人们心理健康的基本社会环境问题，并通过学习提升自身对心理健康的认知，调整相应的行为和习惯。为了企事业单位和职场人自身的可持续发展目标，我们需要转变态度、行动和方法，以促进和保护精神卫生，并为有需要的人提供服务和护理。

通过社会组织的运营，与国内领先的精神专科医院心理专家合作，我们的联合团队想一起打造一个个成功的案例，帮助企事业单位把预防的端口前移，从三级预防甚至零级预防的角度，帮助企业提升集体韧性，打通从预防到解决问题，再到实现康复支持的路径。我们的愿景是联合社会各界建立一个重视、促进和保护心理健康的工作场所环境，让心理领导力成为指引职场人应对挑战、激发潜能、促进个人与团队共同成长的明灯，让心理领导力助力企事业单位优化管理、提升效率，实现长期稳定发展，协助企事业单位和职场人实现识别问题、自我坚韧和团队提升。

我们将与企事业单位携手，通过发现个人及与工作相关的危险因素，找到环境和制度中不利的因素，提升人的认知、行为、能力，促进组织和个人的共同健康。

当阅读这本书的时候，你或许已经思考良久，或许正在寻找解决的方法。我们诚邀你加入我们，将这份热衷化为行动，共同推动在企事业单位内部的实践。本书主要从职场心理健康环境、压力、情绪、人际、疾病、自助助人技巧等角度为大家提供一些参考。心理健康不仅是健康的一部分，它还有工具价值，可以帮助我们应对挑战和蓬勃发展。

如果你是一名普通的职员，你可以通过本书的阅读，加强个人心理技能，也可以通过和他人分享，实现自助助人；如果你是企业管理者，可以协同其他部门一起将本书提及的方法应用在日常管理工作中，帮助团队学习和提升团体心理韧性；如果你是雇主，你将从本书中了解到改变工作环境的因素对于促进心理健康的积极作用，以及提升心理领导力对于培育企业人才、提升生产力的积极意义。

在推进职场心理健康的征途上，组织系统的力量与个人的内在动力紧密相连、相互依存，共同构成了不可或缺的关键动力。我们也期待雇主和管理者能够组建一支能干和积极进取的工作队伍，实现自上而下的政策引导，推动自下而上的热情参与，共同促进工作场所心理健康的发展和工作效率的提升。

为了实现这一关乎心理健康的伟大转变，我们的联合团队将用我们的智慧和热忱，为你提供富有远见的战略规划、贴心的策略指导，以及实用的工具和技术支持。我们都是这个故事的构建者，在这个故事中，我们不仅是智囊团，更是与你并肩前行的伙伴，共同编织一幅充分发挥"心智"生产力潜能的时代画卷。

本书由李黎任主编，曾庆枝、李煦任副主编，江海燕、牛小娜、孙岩、王琰和郑思思一起协作完成。

在本书编写过程中参考了有关文献资料，在此向有关文献资料的作者表示衷心感谢！

由于编者水平所限，书中不妥之处，敬请广大读者批评指正。

编　者

2025 年 3 月

# 目 录
CONTENTS

第五章
CHAPTER 5

## 危机篇：直面人生不如意

第六章
CHAPTER 6

## 心理危机应对篇

第一章

# 职场心理健康：从幕后到台前

——◇♡◇——

在繁华的都市中，坐落着一家名叫A的知名企业。这是一家历史悠久、业务遍布全球的制造业巨头。在宽敞明亮的办公区里，每一个角落都充满了舒适与宁静。可升降人体工学桌椅随处可见，安全细节的设计无处不在，企业为员工打造了一个安心的工作场所。然而，在这光鲜亮丽的背后，A公司的高管李华却时常望着窗外，忧心忡忡。

李华，一位干练而富有远见的女性，不仅分管人力资源部门，还负责企业可持续发展的重任。在她的带领下，A公司一直人才济济，在业界保持着领先地位。然而，近年来，随着市场竞争的加剧和技术的飞速发展，公司内的员工心理健康问题逐渐浮出水面，成为影响生产效率的一项重要因素。

李华坐在办公室里，望着窗外熙熙攘攘的人群，心中却是一片迷茫。她回想起最近几次员工满意度调查的结果，发现员工们的压力与日俱增，焦虑、抑郁等情绪问题频发，各种病假事假人次创下历年新高，而且回归岗位的时间未定。办公室等职能部门和管理部门需要承担企业经营管理和发展方面的巨大压力。就拿她身边的同事来说，他们是非常优秀的合作伙伴和职员，表现出卓越的领导才能、创新思维、人际宜人性、自我驱动力，并且拥有高度的责任感和敬业精神，可他们依然有很多心理困惑，包括面对不稳定、不确定、复杂和模糊的时代的无力感，也包括在高压和目标导向的日常工作中不知如何调适压力和调节情绪的问题，常常因为工作繁忙、人际关系复杂而感到疲惫不堪，还受到家庭关系和孩子养育问题的困扰等。而生产车间的工人们，则面临着技术更新换代、产业转型带来的巨大压力，很多人长期离开自己的家乡来到这座城市打工，一方面每天从事着重复而又高强度的工作，另一方面还要忍受远离家人的思念之苦，很大一部分工人的家庭依赖他们的工资来维持生计，一旦遭遇变故和严重的生活事件，他们可能会变得很脆弱。

在A公司，长期以来，因为规范性的管理和人性化的举措，表面看来员工的总体状态尚可，但也面临着很多问题。公司层面通过调研了解到，目前员工存在工作压力大、情绪波动大、人际关系紧张、焦虑抑郁等心理问题的人数增多，公司内部心理健康支持体系不完善，但各部门采取的针对性措施不足，例如：HR（Human Resources，人力资源）部门在招聘和培训中缺乏对员工心理健康的关注和评估，对已出现心理问题的员工缺乏有效的干预和支持措施；工会、EHS（Environment、Health、Safety，环境、健康和安全）、ESG（Environmental、Social and Governance，环境、社会和公司治理）、行政等与员工心理健康管理和支持相关的部门，由于资源不足和缺乏专业人员而无法为所有有需求的员工提供及时有效的心理支持；业务部门追求高业绩而忽略了员工的心理承压能力，高强度的工作任务和高度紧张的工作氛围也进一步加剧了员工的心理压力；部分管理层缺乏对员工心理健康的重视，在工作过程中也没有考虑到员工的心理感受和需求。大家对心理健康的认知也存在差异，不同年龄段的员工对心理健康的重视和心理问题的求助意识不同，虽然公司提供了EAP心理热线的服务，但使用率不高。她隐隐担忧与员工心理健康相关的隐患会引发心理危机事件的发生，并影响公司的可持续发展。

李华深知，员工的心理健康问题已经成为一个亟待解决的重要问题。就在这时，李华的手机响了起来，是人力资源部门的负责人打来的。他向李华汇报说，最近公司里发生的一起与员工心理问题相关的突发事件，虽然得到了及时处理，但这件事给公司敲响了警钟。另外，最近1个月，工厂里好几个工人陆续出现了心理问题，目前已就医。

"我们必须采取行动了！"李华斩钉截铁地说道。她决定亲自出马，带队深入了解员工们的心理状况，寻找解决问题的办法。

她决定组建一支内部团队，主要成员来自HR、工会、EHS、ESG、行政等各部门，还包括重要的职能部门和业务部门的管理者、工厂EHS和车间主任，以及企业内热衷于心理健康学习的基层积极分子。她想通过一个内外合作的三年启动计划带动企业形成一个良好的环境，在制度、举措等方面有所调整，并引导员工关注心理健康，积极主动地参与到企业心理健康良好氛围的营造中来。

于是，一场别开生面的"心灵之旅"在A公司悄然拉开序幕。

李华和她的团队将如何与外部专家团队合作，一起面对这场挑战？他们又将如何化解员工们的潜在心理危机，保持企业的健康可持续发展？这将是一段充满未知与探索的旅程……我们将在本书的结尾向大家揭晓他们三年的实践结果。

A公司的故事将为我们打开一幅画卷，展现中国企事业单位在日新月异的时代发展潮流中积极应对心理健康问题挑战的风貌。这是一个缩影，是一种情形的代表，不光是以制造业为代表的第二产业，以金融、教育、健康、零售等为代表的现代服务业，甚至第一产业的企事业单位也都面临着各种各样的群体心理挑战。这一幕就像破晓时分的阳光逐渐驱散夜幕，就像舞台上的灯光由暗转明，将原本隐藏在暗处的情绪张力和布景细节清晰地呈现给观众。这种光线的变化，不仅照亮了舞台，也照亮了职场心理健康这个一直被忽视（或无暇顾及）但却至关重要的领域。

第一节

# 职场心理健康问题的由来

▼

## 一、职场心理健康的定义

心理健康是我们总体健康和福祉的一个组成部分，也是一项基本人权。近年来，从WHO发布的报告和文章中，我们可以看到心理健康被描述为一个动态的概念，涵盖了个人日常生活中感受、思考和处理内外部压力的能力、与他人建立和维护良好关系的能力，在社会和文化环境中实现个人潜力的能力等。2022年世界卫生组织公布的《工作中的心理健康指南》中就提出，心理健康是指人们能够应对生活的压力、自我实现、良好地学习和工作，并为社会作出贡献的心理状态。

如果说，健康的职场心理是一种满意和积极的状态，那么职场心理健康问题是指个体在职场环境中表现出的心理状态和心理素质方面的困扰或异常，这些困扰或异常可能涉及情绪、认知、行为和人际关系等方面。从我们过去在各行各业的实践经验中看到，主要的职场心理健康问题包括：焦虑、抑郁、职业压力、职业紧张、职业倦怠、睡眠问题，也会有少量的严重精神障碍，如双相情感障碍和精神分裂症等。

职场心理健康问题涉及的群体主要包括在工作场所中的人和要素，如员工、管理者、雇主等。对于雇主而言，预防工作场所中的社会心理危险因素，制定保护和促进工作场所心理健康的具体政策或计划，并将其纳入职业安全卫生管理体系中是非常重要的。《工作中的心理健康指南》提出，工作场所中的社会心理危险因素包含：

工作内容和工作设计、工作负荷和工作节奏、工作休息制度、工作掌控度、环境和设备、组织文化和组织功能、工作中的人际关系、在组织中的角色身份、职业发展、工作与家庭需求等。这些方面出现的问题，会导致员工的工作意愿、参与度、积极性的降低，从而最终导致企事业单位生产力的下降，进而影响社会进步和发展。对员工来说，心理健康问题可能会带来的表现和影响包括：工作效率下降、缺勤和离职率增加、工作质量下降、人际关系紧张、生活质量下降等。除此之外，管理者还会面临管理难度增加、团队凝聚力下降、人力资源成本增加等。由此可见，员工、管理者、雇主都处于企事业单位的内部环境中，环境和处于其中的人互相影响。

## 二、职场心理健康受到更多重视

以前在上海，如果有人说："你去600号看看吧！"这绝对是一句骂人的话，听到的人会马上情绪激动地怼回去："我看你才是神经病！"为什么会发生这么戏剧性的一幕呢？因为宛平南路600号是上海市精神卫生中心的地址，以前大家普遍有"病耻感"，精神疾病的"去污名化"一直任重而道远。如果身体感冒了，大家毫不避讳，愿意在办公室里和同事分享，但是心灵感冒了，出现了诸如抑郁情绪、焦虑情绪等却避而不谈。所以，在过去的魔都，很多患者会在出租车上跟师傅说："去龙华医院（在600号对面的一家中医院）。"下车后又悄悄地走到对面——上海市精神卫生中心看病。这样的现象很多。

这两年，关于600号的故事发生了翻天覆地的变化。自从2021年上海市精神卫生中心首次推出的"600号月饼"在朋友圈刷屏后，600号又跨界玩音乐、出品"精神咖啡"、搭建"600号画廊"展示精神康复作品……现在，如果大家去600号看病已经坦然多了，顶多说一句："我去600号看画廊。"同样，在北京回龙观、北大六院，广州、深圳乃至全国其他城市的精神专科医院或心理门诊，一定也上演了类似的有趣的故事。这些变化也反映了人们对心理健康的态度在逐渐转变：从回避到正视，从羞耻到坦然。

对职场心理健康问题的重视主要归因于社会压力的增大、心理健康问题的普遍性、心理健康意识的提升、国家政策的推动、心理健康服务的普及等。人们对职场心理健康的逐步重视，可以从一些相关的国际文书中略见一斑。

自1958年国际劳工组织颁布《消除就业和职业歧视公约》（第111号）起，经过长达60余年的不懈努力，WHO在2022年发布了《工作中的心理健康指南》，目的在于推动并改善职场精神卫生循证干预措施的有效实施。这份指南也梳理了关于工作场所精神卫生的主要国际文书，包括：

- 1958年，国际劳工组织颁布《消除就业和职业歧视公约》（第111号）

- 1966年，《经济社会和文化权利国际公约》

- 1981年，国际劳工组织颁布《职业安全卫生公约》（第155号）和建议书（第164号）

- 1983年，国际劳工组织颁布《职业康复和就业（残疾人）公约》（第159号）和建议书（第168号）

- 1985年，国际劳工组织颁布《职业卫生服务公约》（第161号）和建议书（第171号）

- 2002年，国际劳工组织颁布《职业病建议清单》（第194号）

- 2006年，国际劳工组织颁布《职业安全和卫生促进框架公约》（第187号）和建议书（第197号）

- 2007年，世界卫生大会第60.26号决议《劳动者的健康：全球行动计划》

- 2008年，《联合国残疾人权利公约》

- 2013年，世界卫生组织《精神卫生综合行动计划（2013~2030年）》
- 2015年，《联合国2030年可持续发展议程》，包括关于就业、人人享有体面工作和社会保护的可持续发展目标
- 2018年，《联合国大会预防和控制非传染性疾病问题第三次高级别会议政治宣言》（A/RES/73/2号决议）
- 2019年，世界劳工组织关于《消除劳动世界的暴力和骚扰的公约》（第190号）和建议（第206号）
- 2019年，《联合国健康全覆盖政治宣言》（A/RES/74/2号决议）
- 2020年，世卫组织提出了关于卫生、环境和气候变化的全球战略
- 2022年，世界卫生组织公布《工作中的心理健康指南》

我国关于工作场所心理健康相关法规与政策的发展，体现了国家对职场心理健康问题的日益重视。

1994年，我国颁布了《中华人民共和国劳动法》，提到了促进就业、劳动合同和保障、工作时间和休息休假、劳动报酬、劳动安全卫生、劳动争议的处理等多项规定，强调劳动者权益保护、工作条件改善等原则，为职场心理健康提供了间接的法律支持。

2013年5月1日，《中华人民共和国精神卫生法》正式施行，明确了精神卫生工作的方针、原则和目标，规定了精神卫生工作的组织、管理和保障措施，以及精神障碍患者的权益保障等。特别是在第2章"心理健康促进和精神障碍预防"中强调了心理健康的重要性，并提出了相应的预防措施。

2016年，我国发布的《"健康中国2030"规划纲要》，提出到2030年，居民心理健康素养水平提升到30%，失眠现患率、焦虑障碍患病率、抑郁症患病率上升趋势减缓。这一规划纲要将心理健康纳入国家战略，为心理健康工作的开展提供了重要指导。

2021年，全国人大常委会表决通过了《安全生产法》有关修改的决定，第44条第2款明确规定："生产经营单位应当关注从业人员的身体、心理状况和行为习惯，加强对从业人员的心理疏导、精神慰藉，严格落实岗位安全生产责任，防范从业人员行为异常导致事故发生。"这一条款从法律角度要求生产经营单位重视员工的心理状态和行为习惯，确保安全生产。

从服务端来说，随着国家政策的发展和人们职场心理健康意识的提升，心理健康服务的普及也经历了从萌芽到快速发展的变化，特别是2016年《"健康中国2030"规划纲要》的发布，心理健康受到国家战略关注。从2017年起，心理健康服务行业也受到关注并获得了越来越多的投资。目前，除传统的EAP模式之外，还出现了定制化的心理健康解决方案等新型服务模式，新型的技术也逐步被应用。很多企事业单位根据自身的情况，通过内外部合作的方式来推动组织和员工心理健康的发展。这些积极的变化为职场心理健康问题的解决提供了更多的希望和可能性。

## 三、职场心理健康的现状

随着A公司高管李华向我们的专家团队介绍其内部员工的心理健康现状，一幅画面立刻浮现在眼前：一片宁静而充满生机的池塘里，一群鸭子优哉游哉地游着，留下的波纹轻轻荡漾，与洒落的阳光相映成趣。镜头切换，我们看到鸭子们为了不让自己沉下去在水面下不停滑动双脚，水面上却拼命努力保持自己的镇定自若。社会的快速发展，企业的竞争压力加剧，职场人光鲜亮丽的外表下藏着紧张与不安，很多心理健康问题并未浮出水面。实际上，职场心理健康状况沉疴已久，不容乐观。

根据《工作中的心理健康指南》2022年发布的相关数据统计，

在全球范围内，约60%的人口在一生中会经历某种形式的心理障碍。然而，值得注意的是，大约15%的劳动年龄成年人正遭受着精神障碍的困扰。其中，有高达3.01亿的人正生活在焦虑的阴影之下，另有2.8亿人饱受抑郁症折磨。这些心理健康问题不仅给个人带来了极大的痛苦，还对整个社会和经济造成了深远的影响。据统计，每年有70.3万人因无法承受心理压力而选择自杀，同时仅因抑郁和焦虑而损失的工作日就高达120亿天，每年给全球带来的经济损失约1万亿美元。因精神健康问题造成的生产力损失和付出的其他社会间接成本往往远远超过医疗保健成本，已成为全球疾病负担的一个突出问题。

同时，在世界各地的政府、工作场所和社区，与身体健康相比，精神健康往往面临着被误解、资源不足和不受重视的状况。有心理健康问题的人经常被污名化、歧视和排斥。一些雇主可能不愿意雇用有心理健康问题的人，一些员工因为担心无法就业可能不愿意透露或寻求帮助，普遍存在的耻辱感成为一大障碍，阻碍了精神心理疾病的预防、识别、诊断、治疗和康复，形成了恶性循环。

对所有人来说，无论人们是否有心理健康问题，工作场所都可以是促进或损害心理健康的地方。一方面，工作对心理健康有积极影响，它不仅提供了获得收入的手段，还为有组织的日常工作、积极的人际关系以及获得使命感和成就感提供了平台。对于有心理健康问题的人来说，就业可以促进康复，并与提高自尊和更好的社会功能有关。另一方面，失业或不稳定的就业、工作场所的歧视或恶劣的工作环境都可能成为压力的来源，并对心理健康构成威胁。不安全的工作环境是心理健康的危险因素之一。这些被称为与职场心理健康有关的"社会心理风险"因素同时也可能危害身体健康。例如，2016年，全球估计有74.5万人因每周工作55小时或更长时间而死于中风和缺血性心脏病。

工作和心理健康是紧密相连的，如果不加以干预，不良的心理健康会影响一个人的工作能力，进而影响他的其他社会功能。对于所有员工来说，安全和健康的工作环境不仅是一项基本权利，而且有利于提高工作绩效和生产力，提高员工保留率，并最大限度地减少紧张和冲突。

我国作为世界上人口最多的国家，在过去的几十年里经历了经济的迅猛增长和社会的巨大变迁，人们的生活水平日益提高，与之相伴的新的心理压力和挑战也日益凸显。员工的价值感和幸福感从哪里寻求，企业的生产力从哪里提升，社会的繁荣稳定从哪里入手……职场心理健康的问题到了值得重视的时候了！

第二节
# 为什么要关注职场心理健康

心理健康存在于一个复杂的连续统一体中，有最佳的幸福状态，也有感受巨大痛苦的衰弱状态。心理健康是不稳定的。在我们的一生中，我们会发现自己的心理健康连续统一体会随着不断变化的情况和压力而波动。在任何时候，不同的个人、社会和结构因素等都可能结合起来保护或破坏我们的心理健康，并改变我们在心理健康连续体上的位置。

所以，在生命的所有阶段，都需要心理健康的促进和预防，以增强复原力，预防精神问题的发生，减少不良的影响。越来越多的证据表明，促进和预防干预措施可以节约成本，通过确定与精神卫生相关的个人、社会等因素，然后进行干预以减少风险、建立复原力和建立有利于精神卫生的环境来发挥作用。可以针对个人、特定群体或整个人群设计干预措施。正如在本章"现状"中提及的全球以及中国的心理健康负担：生产力损失和付出的其他社会间接成本往往超过医疗保健成本。在企事业单位内也是如此。

作为个人，如果你的心理健康状况出了问题，导致无法投入工作，需要长期休假，你的收入将会受到影响；如果你还是家庭的支柱，是上有老下有小的"夹心一代"，请问这场"心灵感冒"的代价是多少？如果你是管理者，团队的成员接二连三地因为"头痛""浑身不舒服""心慌"这些看起来像躯体疾病却又查不出问题的症状而请假，你会怎么样？如果团队成员开了一张抑郁症请假单，他可能在之后的几个月都会一直请假，你会不会开始焦虑甚至头痛？如果你是雇主，每年因为心理问题请假的人越来越多，影响了工作效率，因此流失的人才越来越多，影响了企业的竞争力和发展，你会不会紧张？

在工作场所，对心理健康的重视何时开始都不晚，组织和个人都将因此而获益。首先，让我们从雇主的角度看看，如果改变了工作中影响心理健康的环境会发生什么变化。《工作中的心理健康指南》提出的，针对工作场所中的社会心理危险因素所进行的良好操作范例，见表1-1。

表1-1 工作场所中社会心理危险因素干预的操作范例

| 工作场所的不同层面 | 工作场所中的社会心理危险因素 | 范 例 |
|---|---|---|
| 工作内容和工作设计 | 缺乏多样性或工作周期短<br>零散的工作或无意义的工作<br>技能使用不足<br>工作不确定性高，工作中持续与他人接触 | 平等参与式的工作设计方法<br>任务轮换或工作重新设计 |
| 工作负荷和工作节奏 | 工作负担过重或过轻<br>机控节奏<br>时间压力过大<br>持续受制于截止期限 | 工作时间或轮班限制<br>可实现的截止期限和目标<br>充分的工作要求（既不过高也不过低）<br>保证生产安全的人员配置水平 |
| 工作休息制度 | 轮班工作<br>夜班<br>非弹性的工作安排<br>不可预知的工作时间<br>工作时间长或非社会工作时间 | 平等参与式工作安排方法<br>弹性工作安排<br>有计划的工间休息<br>在加班时间提供福利设施和支持 |
| 工作掌控度 | 对决策的参与度低<br>缺乏对工作量、工作节奏的掌控度 | 采取参与式方法进行工作设计、工作组织和决策<br>频繁且公开地沟通 |

续表1-1

| 工作场所的<br>不同层面 | 工作场所中的社会<br>心理危险因素 | 范　例 |
| --- | --- | --- |
| 环境和设备 | 设备可用性<br>适用性或维护不良；环境差，如空间局促、采光不足、噪声过大 | 与劳动者及其代表协商，改善环境和设备，以符合有关健康和安全的法律法规要求 |
| 组织文化和组织功能 | 沟通不畅<br>对解决问题和个人发展的支持程度低，缺乏对组织目标的定义或共识、组织变革<br>对稀缺资源高度竞争，过度复杂的行政机构 | 增加与劳动者及其代表协商与合作的机会<br>处理不平等待遇、攻击行为和虐待行为的组织框架<br>支持受影响的劳动者，包括接触劳动者代表（如有） |
| 工作中的人际关系 | 社会性孤立或身体性孤立，与上级领导关系不佳，人际冲突，缺乏社会支持（无论是可感知的还是实际的）<br>欺凌<br>骚扰<br>团伙欺凌<br>微妙的攻击 | 预防暴力、骚扰和歧视的框架，以及调查、有效处理以上事件的框架<br>为主管和部门管理者提供提高知识、态度和技能的机会，包括在非典型的工作时间或地点获得同辈支持的机会 |
| 在组织中的角色身份 | 角色模糊<br>角色冲突和对他人负责 | 界定明确和可持续的工作角色、汇报架构和绩效的要求 |
| 职业发展 | 职业停滞和不确定性，晋升不足或过度晋升<br>薪酬低<br>工作无保障<br>工作的社会价值低 | 平等和良好的职业培训和再培训前景<br>在符合规定的合同下正式的、有保障地工作<br>所有过程中的机会平等和透明公开<br>支持性的绩效管理 |

续表1-1

| 工作场所的<br>不同层面 | 工作场所中的社会<br>心理危险因素 | 范 例 |
|---|---|---|
| 家庭—工作<br>界面 | 工作和家庭需求的冲突，包括承担照顾责任的人，家庭支持不足，双重职业问题<br>住在工作的地方，在工作任务期间远离家人 | 弹性工作安排<br>为照顾家人的人提供支持 |

看到这张表格的时候，我们是否会眼前一亮，豁然开朗。心理环境的改变似乎变得更加具象化了，而且很多角度与做法和我们实现企业有序、可持续经营生产的目标完全契合！

从企业管理者的角度来讲，对各级管理人员的心理健康培训可以加强其知识、技能，改变态度和行为，以便管理人员可以更好地支持员工的心理健康需求。培训可以侧重于支持管理人员的特定心理健康需求，例如，研究如何在应对工作压力时调节情绪、如何应对企业突发的心理危机等。或者，它可能侧重于帮助管理人员识别和减少与工作相关的风险因素，例如，学习如何在繁忙时期管理工作量的方法等。培训还可以包括心理健康的有关知识，学习如何识别和支持可能正在经历情绪困扰的员工。例如，使用积极的倾听技巧，并在适当的情况下，为他们介绍内外部的资源和支持来源。这些将会帮助管理人员丰富和提升管理技巧，他们自己也将从中获益。

从员工的角度来讲，针对员工的干预措施通常侧重于提高其应对压力源的能力。这包括压力管理培训，以休闲为基础的身体活动的策略，增加为员工提供的社会支持，也可以通过动员集体来解决问题，发挥积极的团队功能来帮助个人应对压力情况。这些干预措施应作为一揽子综合干预措施的一部分，其中还包括解决心理社会风险的组织干预措施和管理人员培训。这是因为，对个人干预的单一关注可能会对那些在困难的工作环境中经历压力反应的人产生一种新的压力，包括自责、内疚、被孤立等。

如果说，通过组织干预、管理人员心理健康培训、对员工的培训和心理干预，可以为我们搭建一个框架，那么，日常的企业心理健康关怀活动，以及在企业内发起的谈话运动，可以为此增加血肉。以谈话运动为例，管理心理学中有一个非常著名的实验——霍桑实验。霍桑工厂是一个制造电话交换机的工厂，具有较完善的娱乐设施、医疗制度和养老金制度，但工人们仍心怀不满，生产业绩很不理想。为找出原因，美国国家研究委员会组织研究小组开展实验研究。这个实验先后进行了照明实验、福利实验、访谈实验等，其中的访谈计划持续了两年多，工人的产量大幅提高，主要是因为访谈为他们提供了宣泄机会，而宣泄过后心情舒畅，士气提高，使产量得到提升。这个实验也说明了对员工心理健康的关注在促进生产力提升方面的重要性。心理健康和情绪管理的小投入，换来的是员工的幸福感提升、生产力提升，对区域营商环境的营造也带来积极的影响。如今的职场打工人，上有老下有小，白天一睁眼就要工作，晚上要么带娃、要么加班，在琐碎的生活中，留给自己的时间很少。作为社会的中坚力量，作为家庭的支柱，如果能够充满心理能量，对于社会和家庭都是极为有益的事情。

在本书的开篇章节，将引领你踏上一段探寻职场心理健康的旅程，从幕后走到台前，见证它从隐形的力量蜕变为时代的焦点。这一历程充满了挑战与机遇，如同探险者踏上寻宝之旅，每一步都充满了未知。

关注职场心理健康，不仅是时代进步的呼唤，更是企事业单位在激烈的竞争中寻求新突破、新增长点的关键。它像一把神奇的钥匙，能开启心智的宝库，释放生产力的潜能。同样，对于每个个体而言，提升心理韧性，就像是为自己的心灵穿上了一件柔韧的防护衣，让我们能更从容地面对社会的快速变化。

第二章

# 压力篇：卷不动又躺不平的困境

在风云变幻的商业世界中，企业管理者们犹如航行的舵手，肩负着引领企业航向的重大责任，压力仿佛是戴在头上的紧箍咒，持续带来各种约束和挑战。然而，你是否有机会真正静下心来，探究过其中的规律，明晰过那些因压力带来的员工心理威胁和企业发展困境？本章将通过Z先生的案例，一同探索如何解除这个紧箍咒的束缚，成为压力困境的破局者。

**【心理案例1】**

最近，28岁的Z先生"双喜临门"：新婚不久有了宝贝儿子，一家人还住进了新房。

在亲戚朋友眼中，Z先生年轻有为，如今成家立业迎来"人生赢家"的幸福时刻，但很少有人知道，Z先生的内心却波涛汹涌，充满压力。

生活上，"升级"的新角色让他陡增甜蜜的"烦恼"。他必须担起"家庭顶梁柱"的职责，直面经济上的负担。Z先生坦言，两年前他刚刚向亲戚朋友借钱凑齐了房子首付，还没来得及"喘口气"，今年新房的装修费几乎刷爆了信用卡。工作中，因为在创业型小公司担任财务经理，老板对账目要求高，时常让他深陷对专业能力的自我怀疑。

每当夜深人静时，Z先生辗转难眠，内心不断责问自己：真的是自身能力不足，没法把工作干好吗？自己承担了那么多工作职责，收入却不高，往后的日子要怎么办？

记得一次公司例会后，老板专门让Z先生单独留下来，逐条过问公司的账目情况。Z先生紧张到心跳加速、面红耳赤。老板的权威毋庸置疑，而自己坚守的专业底线又不断被突破。他的内心委屈无助，暗自郁闷："只能怪自己能力不够，对不起公司和老板的期望。"

那段时间，Z先生整夜失眠，服用安眠药后才能浅浅睡去。好几次，他突然从梦中惊醒，赶紧伸手去摸一摸床，因为感觉刚才自己可能尿床了……羞愧感一下涌上心头。"可是，我已经是一个成年人了啊！"Z先生喃喃自语。

白天在工作中，Z先生隐忍低调，对各部门提出的需求几乎有求必应，同事眼中的他就是一个老好人。下班后，Z先生就像一只泄了气的皮球，时常因为生活琐事和妻子拌嘴冷战。

有一天下班，Z先生到家后百无聊赖，便拿起家中给宝贝剪头发的电动推子给自己理了发——彻底剃光，理成光头。看着镜子里"光头"造型的自己，Z先生陷入恍惚：原本想着不用去理发店理发，能省下一笔钱，可对自己的理发成果又很不满意，感觉自己真的一无是处。工作做不好，家里也承担不起来。

面对妻子无意间的调侃，Z先生彻底爆发了，与妻子大吵一架，甚至说了让他感到后怕的话："不满意？不满意咱们就离婚！这日子别过了！"

站在镜子面前，Z先生看到自己狰狞的面孔、通红的双眼，还有玄关门上依旧闪耀的大红喜字，陷入了沉思。

第一节
# 与压力面对面

▼

　　看到 Z 先生的情况，会不会让你想起自己某个相似的时期？这种体验，每个人都可能会有。毕竟，在这个内卷的当下，压力几乎无处不在，我们深陷其中，避之不及又无处可逃。在 Z 先生的案例里，来自职场、经济、家庭等各方面的压力就像一块巨石，压得 Z 先生喘不过气来，同时引发了身体、心理和人际关系等一系列连锁反应。那压力到底是什么？为什么 Z 先生会如此不舒服，到最后不仅影响到他自己，还威胁到他的家庭呢？

　　我们口中常说的"压力"，在心理学上又称"应激"或"紧张"，是个体在应激源（无论是客观存在的还是想象的）的作用下产生的一系列心身反应。这里又冒出了一个新名词——"应激源"。通俗来讲，应激源就是压力的源头，也就是我们常说的压力性事件。例如，在 Z 先生的案例中，每月需要还的房屋贷款就是他的压力源之一。应激源按照来源可以分成三类：一是生物性应激源，即直接作用于人体的应激源，包括身体生病（骨折、癌症、疼痛、发热、疲劳等）或受到生物（细菌、病毒感染、寄生虫等）、物理（不适宜的温度、光线、噪声、海拔、辐射、电击、高压、震动等）和化学（有毒有害的物质）等方面的刺激；二是心理性应激源，即现实和想象之间存在的心理失衡和冲突，比如要求完美、害怕犯错和失败、害怕受到感染和污染、害怕出丑等，当现实不能满足内心需求时人就会产生压力；三是社会文化性压力源，包括与个人生活、家庭、社交、工作相关的事件，如喜欢同性、家人走失、创业失败、失业等，关系到国家和社会稳定的事件，如战争、政治动荡、经济下滑、突发公共卫生事件等。当这些事件发生时，如果个体不能有效地适应和应对，就有可能出现心理压力或应激状态。

压力，按照不同的分类方式可以分成不同的种类。如表2-1所示，按照来源的不同，压力可分为家庭压力、学习压力、经济压力、职场压力、人际压力、环境压力、健康压力等。根据持续时间的长短，压力可分为急性压力和慢性压力，前者来势汹汹且迅速消退，

表2-1 压力类型一览表

| 压力分类 | 具体类型 | 示　例 |
|---|---|---|
| 按来源分 | 家庭压力 | 家庭成员关系紧张 |
| | 学习压力 | 考试成绩不理想 |
| | 经济压力 | 房贷、车贷 |
| | 职场压力 | 工作任务繁重、职场竞争 |
| | 人际压力 | 与朋友发生冲突 |
| | 环境压力 | 居住环境嘈杂 |
| | 健康压力 | 身患疾病 |
| 按持续时间长短分 | 急性压力 | 突然遭遇车祸 |
| | 慢性压力 | 长期照顾患病家人 |
| 按压力源数量分 | 单一性压力 | 准备一场演讲 |
| | 叠加性压力 | 工作繁忙同时孩子生病 |
| 按强度分 | 轻度压力 | 偶尔加班 |
| | 中度压力 | 连续几周高强度工作 |
| | 重度压力 | 失业且负债累累 |
| 按性质分 | 建设性压力 | 挑战高难度工作并取得成功 |
| | 中性压力 | 听闻他人的小挫折 |
| | 破坏性压力 | 长期遭受职场霸凌 |

后者不甚强烈，但旷日持久。例如，突然听到家人发生意外是一种急性压力，家里有老年痴呆患者需要照料则是慢性压力。按照压力源的数量，压力又分为单一性压力和叠加性压力。例如，某段时间内个体只需要应对一件事情，那个体面临的是单一性压力；如果某段时间内同时出现好几个压力性事件，或者一个压力事件还未结束又出现了另一个压力事件，就是叠加性压力，就像Z先生，同时有照料小婴儿、银行按揭、工作等多方面的压力，这些压力还没消除，又引发了家庭关系的压力。根据压力的强度，可以分为轻度压力、中度压力、重度压力。另外，根据压力的性质还可以分为建设性压力（正性压力）、中性压力和破坏性压力（负性压力）。顾名思义，建设性压力是相对有益的压力，个体在压力事件中能得到提升和成长；破坏性压力是相对有害的压力，我们口中经常说到的压力可能更多地被个体认为是破坏性压力，就像Z先生遭遇的压力情景。中性压力是一些不会引起太多心身反应的刺激，如听说某个跟自己生活不太相关的人出现了婚姻问题。

压力，本质上源于内外环境对个体提出的应对要求，是对变化的一种反应。因此，一个人是否感受到压力，不仅与压力源的性质、数量、强度、持续时间有关，还与个体的素质、个体所拥有的资源等因素有关。其中，个体的素质包括一个人的生理素质、心理素质以及社会文化背景。例如：当一个人生病、饥饿、睡眠不足时更容易感受到压力；当一个人过于要求完美、敏感、缺少自信时也更容易产生压力反应；当一个人的需求和所处的社会文化背景不一致时，也更容易产生压力。而个体拥有的资源越多，压力源来临时，适应和应对的能力也会越强。这里的资源不仅指物质层面的资源，如财富、知识和能力，也包括心理层面，如性格、认知水平、情绪管理能力、既往经历和经验等，还包括社会层面，如社会支持系统、社会发展状况、保障水平及稳定性等。压力源、个体素质和资源这三个因素共同构建了我们对压力的感知、评价和应对。

　　压力的产生过程就是各类压力源作用于易感个体，而个体在心理素质及资源不足时产生的一系列反应。因此，它既具有客观性，又有很强的主观性。它的客观性表现在压力源的出现很多时候不是以人的意志为转移的，通俗来讲，事件是否发生，什么时候发生，很多情况并不在我们的掌控之中。也就是说，不管你是谁，也不管你是否愿意，每个人都会遭遇压力性事件。但是，最后是不是感受到压力、感受到的是建设性的还是破坏性的压力，还与我们对压力情境的评估有关。因为引起压力的不仅是压力情境，还有我们对情境的解读。当一个人评估了压力情境后，认为凭借自己的能力和拥有的资源不足以应对，或是应对起来会很困难时，那就会感受到压力。反之，如果认为当下的情境对自己来说不成问题，很可能会感受不到压力。当然，一个人对情境的解读既有主观的一方面，也有客观的一方面，与个体内在拥有的资源相关。同一个压力源，个体内在越稳定，拥有的资源越多，比如，身体健康，情绪稳定，有相关的经验和很好的社会支持系统，他对情境的解读也就越倾向于积极，感受到的也更多是正向的压力。所以，尽管大多数时候压力源是客观的，我们拥有的资源是客观的，但是对压力源的解读和压力的感知是主观的。我们应该看到每个个体的独特性，即不同的人能承受的压力强度不一样，能承受的压力种类不一样，压力情形下的表现不一样，应对压力的方式也不一样。

　　那压力到底是如何产生的呢？压力的产生既有生理变化，也有心理和行为的变化，它们相互作用，让我们的身体出现了一系列心身反应。当压力源出现，不管这个压力源是真实的还是想象的，大部分人不可避免地都会感知到压力的存在，因为压力源会妨碍个人需求的满足，而人的需求一旦没有得到满足，就会产生让人不舒服的情绪，也就是我们通常所说的负面情绪，如焦虑、恐惧、抑郁、害怕等。在人类长期的生存斗争中，我们的认知体系为了自我保护也更倾向于负面，即认为会有不好的事情发生。举个例子，有些人怕高，每次到高处就惴惴不安，总觉得自己会从高处摔下去，这是因为安全感的需求没有得到满足，因而感到焦虑和担心。此外，身体和心理有着紧密的联系，在情绪压力的作用下，身体会发生一系列的生理变化，与压力相关的激素和神经递质，如促肾上腺皮质激素、去甲肾上腺素等化学物质会随之释放，打破身体既有的生理平衡，造成生理唤醒，身体的各大系统会出现各种生理反应，常见的如头痛头晕、心跳加快、血压上升、免疫力下降、睡眠变差等，而这些生理唤醒又验证了我们对压力负面后果的想象和假设，即"不好的事情就要发生"的负面认知，进一步加重了负面情绪、负面认知和生理唤醒，形成恶性循环。如果身体长期承受非正常水平的内分泌激素和神经递质的影响，就容易造成伤害，既包括对身体的和心理的伤害，也包括压力反应对自身和对他人的伤害。

看起来，压力似乎不是什么好事。其实不然。压力和我们的关系非常密切也非常复杂。首先，我们离不开压力。人类能够生存在地球上，在食物不够丰富、野兽出没的丛林活下来，从弱势群体变成如今地球的主宰，压力功不可没。我们可以想象一下，如果没有保护生命安全的压力，我们的祖先就会无所顾忌地走在丛林里，可能很快就会被野兽吃掉；如果没有对抗饥饿的压力，我们的祖先就不会到处寻找食物、驯化飞鸟走兽、改良种子，恐怕我们的祖先早就被饿死了。所以，压力是我们的生存动力。适度的压力能让我们积极地调动资源，包括调动自身内部的资源，让我们情绪振奋、注意力更集中、创造力提升、工作效率提高，也包括调动外部的资源，积极寻求外界的帮助，获得更多的支持。

压力不足的情况下，我们常常会缺少动力，感觉懈怠无聊，效率低下，并引发情绪反应。试想一下，如果一家企业没有绩效考核或发展目标，做多做少一个样，做好做坏一个样，员工还会有积极性吗？这样的企业能长远发展吗？所以，我们古人有一句话："生于忧患，死于安乐。"但是，当压力过度时，又是另一番景象了。相信大多数的读者在这个内卷的时代都有过压力过大的体验。过度的压力会让我们过度消耗，身心出现反噬。根据压力程度和持续时间的长短，你可能从一开始的动力十足逐渐变成疲劳不堪，身心耗竭，甚至出现崩溃的情况。所以，过度的压力不仅不能激发动力，反而会抑制动力，让我们做事拖延、失误增多、效率降低、情绪低落、出现无价值感和无意义感，严重损害我们的心身健康和社会功能。因此，压力跟我们生活工作表现的关系呈现图2-1所示的倒U字形，过高和过低都不好，而是要维持在一个适度的水平。

值得注意的是，我们每个人的最佳适应区是不一样的。同一个人，在不同的时期和环境下，最佳适应区也会不一样。就像一个人在生病时，他的抗压能力相对健康时期是下降的。我们的抗压能力就像游戏中的打怪升级，也会随着我们的成长和历练得以提升。所以，这个曲线并不是一成不变的。当压力来临时，最重要的不是回避压力或者与压力对抗，而是了解自己适合的压力水平，并通过各种方法，将压力管理到自己的"最佳适应区域"。

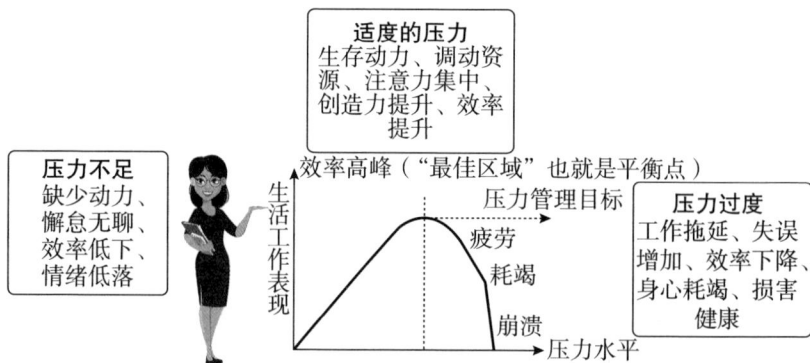

图2-1 压力水平与工作效率的关系

第二节
# 压力的识别

▼

我们要学会识别自身的压力。可能有人会问，有没有压力难道自己会不知道？还真有这样的人！就像前面提到的，每个人对压力的感受程度不同，同样的情境，有些人觉得有压力，有些人却没有相同的感受，这与个体的心理素质、应对能力以及认知方式有关；另外有一部分人每次感受到压力后就会积极应对，使压力及时消除，这种及时积极应对的方式会减轻个体对压力的感受。前面这两种人其实对压力都是有感受的。但是，还有一部分人可能并没有意识到自己有压力，这或许跟自己对压力抱有负面的信念有关。比如，有人认为感受到压力是可耻的，有压力代表自己是脆弱无能的等，因此会压抑自己对压力的感受，时间久了，对压力的感觉就不如原来那么敏感。但是，被压抑或回避的压力并不会真的消失，而是会通过其他方式传达出来。压力通常会通过身体、认知、情绪和行为四个方面呈现出来，成为帮助我们觉察和识别压力的信号。

**身体信号**。我们的身体会说话，无法用语言表达的压力大多数时候会通过身体表达出来。请你回忆一下自己对压力感受最深的那一次，或者你身边的人压力较大的时刻，想一想当时你或他都有哪些身体反应？我们的身体发出的压力信号非常多，几乎涉及全身各个系统。

（1）消化系统。很多人在压力下会感觉胃口下降、消化不良，出现腹胀、腹泻，甚至腹痛和胃肠的溃疡。消化系统的反应可以说是最常见的压力反应，是最容易被我们察觉，也是身体最愿意在日常生活中表达出的信号。

（2）呼吸系统。压力下很多人会觉得胸上好像压着一块大石头，出现胸闷、气短、呼吸加快，甚至呼吸困难的症状。这是压力对呼吸系统的影响。

（3）心血管系统。很多人在急性的压力情境下会出现一过性的血压快速上升，心率加快，甚至出现心梗、中风、心脏病复发等心脑血管事件。而在长期慢性压力情境下，我们的血管内皮细胞受压力激素（肾上腺皮质激素）的影响，血管内皮细胞可能受损，并在压力行为反应（如容易进食不健康食物和不良的生活行为习惯）的共同作用下，发生高血压及动脉粥样硬化，进而增加心血管事件发生的风险。

（4）神经系统。压力下常见的神经系统的反应包括失眠等睡眠问题、头疼、头晕等，以及对认知的损害如记忆力减退、注意力不集中、判断力下降等。

（5）皮肤和头发。常见的有粉刺、银屑病、神经性皮炎等各类皮肤问题，皮肤过敏性反应，原有的皮肤疾病加重，还包括脱发等。

（6）生殖系统。常见的包括性欲下降、性功能减退，女性在压力下常常出现月经失调或闭经等症状。压力还会影响生育能力，增加不孕不育的风险。

（7）骨骼肌肉系统。全身骨骼肌肉因为压力经常处于紧张状态，容易出现各个部位的疼痛。最常见的包括张力性头痛、偏头痛、肩背痛、腰酸、关节痛等。

（8）免疫系统。为了应对压力，身体会大量消耗其内部资源，短时间内身体会处于应对能力下降的状态，包括我们的免疫系统。这时候也是病毒或细菌入侵我们身体的最佳时机。所以，我们常常会有事情来临时干劲十足，但在事情完成之后出现全身无力，甚至生病的情况。如果长期处于慢性压力的情境，免疫系统一直受到抑制，还会增加肿瘤和癌症的风险。

　　值得注意的是，压力来临时，我们全身上下都在应对，但因为个体差异，每个人传达的身体信号可能有所不同。有些人主要表现在消化系统，有些人主要表现在神经系统，重要的是要学会觉察自己惯常的身体信号，及时识别压力。

　　图2-2显示了人们在压力之下常见的身体反应。请回顾和感受在压力下的各种身体反应，把你的身体信号也在人形图上用文字或涂色的方式表达出来吧。

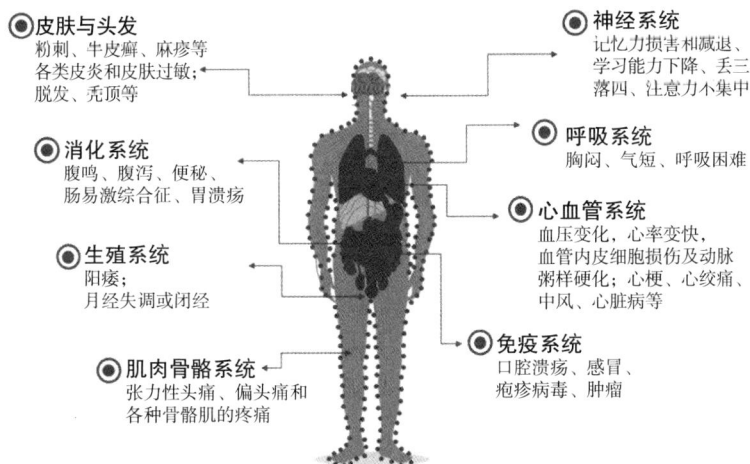

**图2-2　压力下的身体信号**

　　**认知信号。** 所谓认知，是指人类通过感官接收外界信息，并经过大脑的处理、分析、理解和储存，从而形成自身对世界的认识与理解的过程。人们在过度压力下会出现认知功能下降，诸如记忆力、判断力、逻辑思维能力、注意力下降的情况。这个时候，大脑中想法很多，注意力难以集中，很容易遗忘，容易做出错误的判断和决定，做事情会犹豫不决。自我评价下降，倾向于用悲观、负面的方式看待自己和周围的世界。"我不够好""没有人能帮助我""都是我的问题"等各类负面的认知，可能会占主导地位，而这些负面的认知又会在情绪和行为方面引发连锁反应，进一步释放相应的压力信号。

**情绪信号**。仔细想一下，压力都带来过哪些情绪反应？压力下人们会出现各种情绪反应，从情绪的方向和稳定性方面都会有变化。一方面，在过度的压力下人们更容易体验到不愉快的感受，如情绪低落、烦躁、担心、害怕、生气、愤怒、孤独无助、迷茫、不堪重负等；另一方面，在压力下人们的情绪稳定性下降，情绪更容易随外界或内部条件的变化出现波动，并可能激发一些对外或对内（对自己）的攻击性行为，比如容易发脾气，一些平常的琐事也可能激起较大的情绪变化，容易与人发生冲突等。

**行为信号**。在压力面前，人们倾向于采取短期快捷的方法来应对压力带来的不愉快的感受，而这些方法常常是不健康的，比如暴饮暴食高热高糖高脂的食品、喝酒、抽烟、熬夜刷手机、沉迷于游戏或网络等；压力也会引发一些紧张性的行为，比如走来走去、频繁地洗手、啃咬指甲，还会带来如"没有人能够帮我""这件事情我无法应对"之类的消极认知，并引发人际退缩、工作动力和效率下降、拖延等现象，进一步增加孤独无助和无价值感。

你还记得前面的Z先生吗？根据文中的描述，你认为他的压力信号都有哪些？可以在表2-2里写下来。

表2-2　压力信号识别表

| 维度 | Z先生的信号 |
| --- | --- |
| 身体 | |
| 认知 | |
| 情绪 | |
| 行为 | |

觉察压力是管理压力的第一步。从身体、认知、情绪和行为四个维度了解压力信号，可以帮助人们建立自己的压力预警系统。当出现这些信号时，说明人们有压力了。一个人只有觉察到压力的存在之后，才有可能采取行动进行调整和应对，而不会否认和逃避。这种觉察能力可以很好地帮助识别压力的存在，并评估压力源和人们拥有的资源，从而采取有效的应对策略。因此，觉察和识别压力是压力管理的基础和起点。

## 第三节
# 压力的管理
▼

当我们觉察到压力之后，下一步就是管理压力了。在详细介绍压力管理之前，想请大家猜一个谜语，谜底是一个人。这个人声名在外，有多重的身份，但在作者的眼中，在他的多重身份之下，他还是一位压力管理能手。

"他身兼资深吃货、美食博主、旅游博主、段子手等多种身份。他走到哪，吃到哪，评到哪，以他为名创造的美食不下五六十种，但他最显著的标签是大文豪，在诗、词、画、文等领域均占有一席之地，而且属于top5的选手。如果把他放在今天这个时代，按照现在的标准，他称得上是妥妥的斜杠青年外加顶流巨星。他命运多舛，青年时期母亲、挚爱和父亲相继离世，晚年丧子，中年遭受好友背刺，因文获罪，几死狱中，仕途不稳，多次起起落落。"

你猜到他是谁了吗？相信很多人看到"大文豪"这个标签就有了答案。没错，他就是苏轼。为何说他是压力管理的能手呢？看看他的生平便能理解了。苏轼生活在宋朝，经历了仁宗、神宗、哲宗到徽宗的时代，也是宋朝逐渐没落的时期。他少年成名，官至尚书，但一生跌宕起伏，从生活到事业都经历过诸多波折。生活上，他22岁丧母，30岁青梅竹马的妻子王弗因病去世，31岁丧父，49岁殇幼子。事业上，他44岁的时候因为乌台诗案入狱，险被判死刑，曾经的好友沈括、章淳都在他的仕途上使过绊子。他三次被贬，从黄州、惠州到儋州，可以说是一次比一次偏远。遭遇如此多的重大打击，如果是普通人，可能遭遇一次这样的打击就会一蹶不振，但苏轼不同，经历这么多困苦（"压力源"）之后，苏轼留在世人眼里的形象是洒脱的、淡然的和豪迈的。

苏轼从一开始就是这样的吗？其实不然。乌台诗案之后，苏轼被关在狱中受刑，旁边的狱友形容其"日夜号啕大哭"。苏轼当时给弟弟苏辙写下了"是处青山可埋骨，他年夜雨独伤神，与君世世为兄弟，更结来生未了因"这样的绝命书，说明他当时已经想到了死。这样的苏轼是不是跟我们心中的苏轼有些不一样呢？号啕大哭的苏轼是如何成长为我们心目中的苏轼的呢？他到底做了什么，让他在经受这么多苦难以后还能笑对人生，为世人留下《水调歌头》《赤壁赋》《江城子》《定风波》等这么多脍炙人口的文学作品，并在人生即将落幕之时，写下了"心似已灰之木，身如不系之舟。问汝平生功业，黄州惠州儋州"。他认为自己一生中做出最大功绩的地方，是在黄州、惠州、儋州这三个被贬之地。若是放在旁人，被贬是人生耻辱，能不提则绝口不提，但苏轼却把人生的最大成就给了这三个地方，这是何等的胸怀与境界。

仔细分析，面对生活和事业的压力，苏轼的管理策略还是围绕压力源、个人心理素质和资源三个要素展开的。他通过管理压力源、提升个人心理素质和拓展资源实现了对压力的管理，并在这个过程中，不断锻炼和提升了抗压能力。

管理压力源。苏轼所处的正是宋朝保守派和改革派交替上台执政的时期，作为当时的朝堂红人，他也是各派拉拢的对象。但苏轼很清楚自己的理想，他不依附于任何党派，也因此得罪了两个党派，被贬几乎是注定的结局。被贬之后他曾有机会回到权力中心，但他选择了遵从自己的内心需求，不被世俗的压力所困扰，过好当下，随遇而安。管理压力源，其实从大的层面而言，本质是让我们了解自己的需求，看清楚哪些对我们来说是真正重要的，哪些是无关紧要的，学会取舍，把主要的精力放在重要的事情上。在现实层面，它需要我们将各种压力源按重要性和紧急性排序，把重要且紧急的事件放在优先位置，尽量减少不重要且不紧急事件对我们的干扰，避免陷入胡子眉毛一把抓，除了焦虑和内耗，什么都抓不住的困境。

提升个人心理素质。个人心理素质包括生理、心理和社会层面的素质。

生理方面，我们可以通过照顾好身体，提升身体素质来增强我们的抗压能力，如均衡规律的饮食、规律的作息、充足的睡眠、适量的运动等都能帮我们从生理上提升对压力的承受能力。

心理层面，通过学习和应用放松技巧，如渐进式肌肉放松、正念、冥想、想象放松、腹式呼吸、蝴蝶拥抱、无感放松等来降低生理唤醒和生理超载，减少压力源带给我们的负面感受，阻断前面讲到的压力产生机制中的恶性循环，欺骗我们的大脑"事实并不是我们想象的样子"。在心理层面我们还可以通过改变负面认知来提高自我效能。比如，放弃对完美、确定性的执念，接纳人生中的不完美和不确定性，学会与焦虑共处。当负面认知出现时，我们问问自己"事实真的是想象的这样吗？有什么证据？除了这种可能，还有什么其他的可能？最差的可能是什么？如果发生，当下我可以做的是什么？我拥有哪些优势？"，通过自我对话，拓展"我们能"的视角，增加我们的自我掌控感，提升解决问题的自信和对无法解决问题的忍耐能力。关于这点，苏轼在《定风波》中这样说："竹杖芒鞋轻胜马，谁怕？一蓑烟雨任平生。""回首向来萧瑟处，归去，也无风雨也无晴。"他用旷达解脱失意，不愧是"顶级洒脱"，值得我们学习。

社会层面，我们可以通过对人生价值和意义的追求，对兴趣爱好的追求，从另一个角度获得应对压力的能量。苏轼在这方面也有很多值得我们学习的地方。被贬他乡，原本是非常失意的，但是苏轼非常擅长从失意中找到动力，在被贬的过程中，他每到一个地方，勤政利民，帮助当地居民兴修水利、解决灾荒，在百姓的福祉中他的人生价值得以实体。当失意时，他有很多减压的方法。他躬身于乡间田野，静心于寻常烟火，游历于祖国四方，舒达于诗词画文，流连于美食美酒，即使身在他乡，"且将新火试新茶，诗酒趁年华""慢著火，少著水……火候足时它自美"，这是他对年华的珍惜和对烟火生活的向往。这些价值、兴趣和爱好除了能让苏轼与社会产生积极的联结，促进他对自我的认可和内在成长外，也可以在生理上增加让人感受快乐的多巴胺、神经内啡肽、五羟色胺等神经递质的释放。

　　调动和拓展内外的资源。苏轼在人生的波折中除了内在的成长，也从不耻于向外求助。他能走出逆境，很大程度上归因于他有良好的社会支持网络。在他刚刚入狱时，不仅他的老师欧阳修为其奔走，"政敌"王安石也一直帮助他，多方请求，最终让苏轼免于死罪。坊间流传，"苏轼不是被贬就是在被贬的路上"，而他的弟弟苏辙"不是在营救哥哥，就是在营救哥哥的路上"。他们的兄弟情也是帮助苏轼走出逆境的重要因素。我们熟知的"人有悲欢离合，月有阴晴圆缺，此事古难全。但愿人长久，千里共婵娟"，很多人误以为是写给情人的，其实是苏轼不忍和弟弟离别，写给弟弟的，表达的是远在他乡对弟弟的思念之情。另外，苏轼的妻子和伴侣王弗、王闰之、王朝云也给了苏轼最长情的陪伴。正是这些社会支持系统稳稳地托住了逆境中的苏轼。

# 管理者预案：员工压力问题的应对

▼

　　企业管理者应高度重视员工的压力问题，做好员工压力相关问题的预案，密切关注员工的压力状况，为员工创造一个健康、积极、高效的工作环境，实现企业与员工的共同发展。因此，我们为管理者提供以下预案作为参考，管理者可根据企业的实际情况调整。

## （一）压力评估与监测

　　（1）定期开展员工压力问卷调查。问卷内容涵盖工作内容、职业发展、工作环境、人际关系等方面，全面了解员工的压力来源和程度，可使用压力知觉量表（CPSS）来帮助员工了解自己的压力水平，详见第八章"心理测量工具"的相关内容。

　　（2）设立专门的员工反馈邮箱和匿名意见箱，鼓励员工主动反映工作中的压力问题，确保信息的保密性和安全性。

　　（3）建立一套科学的压力评估指标体系，包括工作满意度、缺勤率、工作效率、员工离职倾向等，定期进行数据收集和分析，以便及时发现潜在的压力问题。

　　（4）要求部门负责人每月与员工进行一次沟通交流，了解员工的工作状态和心理感受，及时向上反馈异常情况。

## （二）压力缓解措施

　　（1）对现有工作流程进行全面梳理，去除繁琐和重复的环节，优化工作流程，提高工作效率，减轻员工的工作负担。

（2）合理安排工作时间和工作量，避免过度加班和任务堆积。根据员工的能力和经验，科学分配工作任务，确保员工能够在正常工作时间内完成工作。

（3）提供丰富多样的员工福利，如定期的健康体检、健身活动补贴、员工休息室的建设等，关注员工的身心健康。

（4）营造舒适宜人的工作环境，保证良好的照明和通风条件，合理规划办公区域，为员工提供一个愉悦的工作空间。

## （三）心理健康支持

（1）设立企业内部心理咨询室，聘请专业的心理咨询师定期坐班，为员工提供免费的心理咨询服务，帮助员工解决心理困扰。

（2）定期开展心理健康培训课程，包括压力管理、情绪调节、心理韧性培养等，提升员工的心理调适能力。

（3）建立心理支持小组，由经过专业培训的员工组成，在日常工作中为同事提供关心和支持。

## （四）团队建设与沟通

（1）定期组织团队建设活动，如户外拓展、团队游戏、文化交流活动等，增强员工之间的信任与合作，营造积极向上的团队氛围。

（2）鼓励管理者与员工每月至少进行一次一对一面谈，倾听员工的心声和需求，给予员工充分的关注和支持。

（3）加强部门间的沟通协作，通过跨部门项目合作、定期的交流会议等方式，促进信息共享和团队融合。

## （五）工作环境及职业发展支持

（1）实行弹性工作制度，允许员工在一定范围内自主安排工作时间，满足员工不同的工作习惯和生活需求。

（2）为员工制定清晰明确的职业发展路径，明确晋升标准和职业发展方向，让员工看到成长的空间和希望。

（3）定期开展技能培训和职业规划辅导，通过内部培训课程、邀请外部专家讲座等方式，帮助员工提升工作能力，更好地应对工作中的挑战。

第三章

# 情绪篇：看见内心真实的自我

在繁忙的职场中，我们如同高速旋转的陀螺，被工作的压力、人际关系的复杂以及各种挑战推着不停转动。而在这旋转的过程中，我们的情绪就像一个万花筒，不断变幻出各种色彩和图案。然而，我们是否真正停下来仔细观察过这个万花筒，了解过其中的奥秘，认识过那个被情绪所影响的真实自我？在这纷繁复杂的情绪万花筒中，每个人都是自己情绪世界的探索者。接下来，我们将通过小李的故事，一同走进这个色彩斑斓的情绪秘境。

**【心理案例2】**

小李在一家互联网公司从事数据工作，为人热情，工作踏实，在公司里的人缘一直都很不错。

最近，同事们发现小李变化很大，总是皱着眉头，好像心事重重，工作也比以前显得浮躁。在互联网行业，35岁的年龄焦虑不是一句戏言。面对经济周期下行，公司里弥漫着一种"结构优化"的紧张感。小李最近的项目进展缓慢，为此忧心忡忡。

有一天凌晨1点，小李突然接到直属老板的电话，需要他紧急提交一份数据总结。没想到，小李忙中出错，总结提交后不久就接到老板回电："你交的什么报告？还能不能干了？不能干不要干了！"半夜，面对劈头盖脸的一顿谩骂，小李完全是懵圈的状态。挂了电话后，小李赶紧根据老板要求写材料说明，直到凌晨3点才完成。

第二天上班，同事们奇怪地发现，以前脾气温和的他变得敏感易怒，开会时甚至为了一个小问题和同事吵起来。同部门的好兄弟Jack安慰小李说："放宽心，经济大环境不行，老板的压力也大，工作中对事不对人。"还拉着小李出门喝了杯咖啡，让他放松心情。

面对好兄弟的宽慰，小李心里多了份温暖。后来，为了改善老板对自己的印象，小李调整心态，迎难而上，连续加班多日，项目取得了关键性的进展。在公司团建活动中，老板表扬了小李积极进取的工作状态。小李意气风发，表示他会用新的工作业绩为公司创造更多贡献。

半年后，小李的妻子新换了工作，因为项目赶工频繁出差，孩子接连几个月总是生病，家务事一地鸡毛。小李时常感觉心慌烦躁、入睡困难，脱发问题也越来越严重。原本戒烟成功的小李，重新抽起了烟。深夜睡不着的时候，他经常靠在床头打通关游戏来排遣心中的烦闷。

最近1个月，公司人事部门发布了裁员名单，很多昔日的"战友"纷纷离去，这像是一记重拳打在小李脸上，他的心情瞬间跌到谷底。不仅小李如此，办公室里也弥漫着沉重而压抑的氛围，大家情绪紧张，工作效率受到了影响。公司人事部门在与管理层沟通之后，特别邀请了临床心理学家商议"结构优化"期间的员工情绪引导和管理策略。

从小李的案例中我们可以看到，情绪不仅仅是我们内心的短暂感受，它还如镜子般映照出我们深层的需求、价值观以及期望。当我们用心解读情绪，就像打开了通往自己丰富的内心世界的大门。在这扇门内，各种各样的情绪如潮水般涌现。

当工作困难，如山的任务和紧迫的期限压得人喘不过气时，焦虑的情绪便会浮现。那是一种对未知结果的担忧，对自身能力的怀疑，仿佛一片阴云笼罩在心头，让我们感到沉重和压抑。

当我们与团队成员为了共同的目标齐心协力、默契配合时，热情的情绪被激发出来。大家相互支持、集思广益，每一次思想的碰撞都绽放出智慧的火花，每一次任务的完成都带来满满的成就感，热情在心中燃烧，让我们充满动力与激情。

当项目取得阶段性的成果时，自豪的情绪油然而生，那是对自己付出的肯定，是对团队协作的赞美，如同璀璨的阳光照亮了前行的道路。

在职场这个充满竞争与合作的舞台上，情绪的起伏就像是背景音乐，时刻影响着我们的表现和决策。因此，了解情绪并非只是一种理论上的探索，更是为了让我们在职场的道路上更加从容自信。它帮助我们更好地应对压力，建立良好的人际关系，提升工作满意度，实现职业目标。所以，让我们一同来观察和探索情绪这个万花筒，去发现其中的精彩与奥秘，拥抱那个更真实、更强大的自己。

第一节
# 情绪的识别与接纳

▼

## 一、我的情绪朋友

生活中，我们每天都经历着各种各样的情绪。然而，我们是否能够敏锐地察觉到自己的情绪并和这些特殊的"朋友们"好好相处呢？

可以想象这样一个场景：当你像小李一样连续加班多日，完成了一个重要的项目，并得到了领导和同事们的高度认可，你的感受是什么？你当然会感到深深的疲惫，甚至对连续工作有些抱怨，但同时也会有一种自豪又满足的情绪油然而生。在这样的情绪下，你会更加坚定自己的职业选择，并渴望迎接更高的挑战，同时也许还会迫不及待地与家人朋友分享这份喜悦，让他们一同感受你的成就。这说明人类的情绪丰富而复杂，它不仅和我们的生活息息相关，还会直接作用于我们的身体、思维，更会影响我们的行为方式和生活轨迹。

那么，人类到底有多少种情绪？我们可能会在第一时间想起"喜怒哀乐"。但如果深入探究心理学和情绪科学领域，我们就会发现情绪万花筒里远不止简单的"喜怒哀乐"。

从心理学的层面来看，美国心理学家保罗·艾克曼（Paul Ekman）提出人类具有六种基本情绪，分别是快乐、悲伤、愤怒、恐惧、厌恶和惊讶。这些基本情绪如同色彩中的原色，相互组合、相互作用，衍生出无数复杂的情绪体验。然而，情绪的丰富程度远不止这些。罗伯特·普拉切克（Robert Plutchik）的情绪轮盘模型，将情绪分为 8 种基本类型：喜悦、信任、恐惧、惊讶、悲伤、厌恶、愤怒、期待，并且根据强度和性质的不同，它们两两之间存在不同的组合与变化。

在复杂的职场环境中，我们的情绪体验更是丰富多样。比如，当我们成功完成一个重要项目并获得晋升机会时，可能会同时产生喜悦、自豪、期待等复合情绪：喜悦源于项目成果和职业发展的进步，自豪是对自身能力和付出的肯定，而期待则是对未来职业生涯的憧憬；而当我们在团队合作中因理念不合与同事产生激烈冲突，导致项目进度受阻时，或许会感受到愤怒、悲伤、焦虑等复杂情绪交织在一起：愤怒是对同事行为的不满，悲伤是因为团队关系受损，焦虑则是担心项目的结果和自身职业受到的影响。

随着研究的不断深入，神经科学也为我们理解情绪提供了新的视角。大脑中的不同区域和神经回路与各种情绪的产生和调节密切相关。例如，杏仁核在恐惧和焦虑情绪的产生中发挥着关键作用，而前额叶皮质则负责对情绪进行调节和控制。

## 二、情绪识别：察言观色的艺术

情绪识别能力是我们在生活中必备的一项重要技能。它就像是我们内心世界的导航仪，引领着我们深入理解自己与他人的情感世界。

对于日常情绪的有效识别，可以帮助我们了解自己的情绪状态与需求。首先，当人们产生某种情绪时，通过准确识别、解读就能知晓其产生的原因，如工作压力、人际关系、个人目标等，基于此有针对性地调整生活状态和行为方式，从而满足心理需求。其次，良好的情绪识别能力还有利于我们进行有效的情绪调节，一旦处于消极情绪，如焦虑、愤怒、悲伤时，能通过运动、娱乐等措施及时缓解和改变，避免长期受其消极情绪的困扰。此外，准确识别情绪能增强自我接纳与自信，清晰认识并接纳所有感受，让我们更真实地面对自己，认可自己的情感体验，提升自我价值感与自信心，促进个人心理成长。

同样地，良好的情绪识别能力也是一把打开人际关系之门的"万能钥匙"。它能使我们在与他人互动时更加游刃有余。当我们与朋友交流时，及时察觉出对方的情绪变化，比如，发现对方沮丧或者焦虑时，就能给予恰到好处的安慰与支持，避免因忽视对方情绪而引发不必要的冲突和误解，让彼此的关系更加融洽，正如小李的好兄弟Jack及时安慰小李，帮助他走出了情绪的漩涡一样。

从心理学的角度来讲，良好的情绪识别能力是建立在对其特点和作用机制的了解之上的，包括各种情绪表现、触发因素以及后续影响等。这对于身处职场的我们来说，意义重大。

首先要了解情绪的表现。每一种情绪，无论是喜悦、悲伤、愤怒，还是恐惧、惊讶、厌恶，都有其独特的面部表情、肢体语言和生理反应模式。比如，当一个人感到喜悦时，面部肌肉会放松，嘴角上扬，眼睛明亮；而当一个人陷入愤怒时，可能会眉头紧皱、双目圆睁、呼吸急促。在职场中，当我们能够敏锐地捕捉到这些信号时，就能更好地理解同事、客户或上司正在经历的情绪感受。比如，在与客户谈判时，捕捉到对方的微表情和肢体动作中透露出的焦虑，就能及时调整策略，增加谈判成功的几率；在团队合作中，察觉到同事的沮丧，就能给予适当的鼓励和支持，进一步提升团队的凝聚力。

同时，对于自身情绪的准确识别也是非常重要的。当我们感到紧张或恐惧时，可能会心跳加速、呼吸急促、肌肉紧绷，甚至还会出汗、手抖。而当我们兴奋和喜悦时，可能会感到身体轻盈、充满活力，脸上不自觉地露出笑容。愤怒时，可能会脸红脖子粗，血压升高。悲伤时，可能会感觉身体沉重、无精打采，甚至食欲不振。通过留意这些身体的细微变化，我们就能够敏锐地捕捉到情绪的信号。

因此，在职场中如果能够准确识别自己的情绪，意识到自己因为项目进展不顺而产生焦虑，或是因为同事的竞争而感到愤怒，就能及时调整自己的心态和行为。当这些情绪产生时，我们的大脑会向身体发送应激信号，这些信号会随之触发神经内分泌系统的一系列反应，导致激素分泌失衡，从而影响身体的各个系统。

## 三、接纳情绪：拥抱真实的自己

学会识别情绪的细微差别，能够帮助我们更好地理解自己的内心需求，但仅仅识别还不够，我们还需要学会接纳自己的情绪。

很多人在成长过程中都被人要求"不许哭"，这意味着我们在很多时候不接纳悲伤、痛苦等情绪。但实际上，情绪不分好坏，每一种情绪对于人类都有着独特的功能。

当我们获得成功时，喜悦的情绪涌上心头，我们感到满足和自豪。这种喜悦激励着我们继续追求更多的成就，是我们前进的动力。然而，当我们遭遇挫折或失去重要的东西时，悲伤的情绪便会出现。难道悲伤就毫无价值吗？当然不是！悲伤让我们深刻地体验到失去的痛苦，从而更加珍惜现在所拥有的。它使我们在内心深处进行反思，让我们成长和变得更加坚强。

再说说愤怒。很多人认为愤怒是一种糟糕的情绪，应该被遏制。但其实，愤怒在某些时候是我们内心正义的呐喊。当我们看到不公平的事情发生，愤怒能给予我们勇气去抗争，去改变不合理的现状。如果没有愤怒，我们可能会对许多不公正的现象选择漠视，社会的进步也会因此变得缓慢甚至停滞。

恐惧也是如此。通常恐惧被认为是需要克服的负面情绪，但实际上恐惧是我们身体的一种自我保护机制。当我们面临潜在的危险时，恐惧让我们提高警惕，迅速做出反应以避免受到伤害。如果没有恐惧，我们可能会盲目地陷入危险之中而不自知。

既然每一种情绪都有其存在的意义和价值，那么负面情绪就不应该被压抑，而是需要被接纳和被正确地表达。

因此，当我们感到悲伤时，请不要强行压抑这种情绪，而是给自己一个安静的空间，让眼泪流淌，允许自己感受内心的痛苦。同时，也可以找朋友倾诉，把内心的感受说出来，这不仅能够减轻痛苦，还能让朋友给予我们支持和安慰。

# 焦虑情绪对身体的影响

▼

　　根据世界卫生组织（WHO）的数据：在发展中国家，大约每 10 个人中就有 1 人患有焦虑障碍。《中国国民心理健康报告（2021—2022）》显示，超过80%的成年人自评心理健康状况良好。抑郁风险检出率为10.6%，焦虑风险检出率为15.8%。焦虑不仅影响心理，还危害身体，表3-1即展示了焦虑情绪对人体各系统功能的影响。

表3-1　焦虑情绪对人体各系统功能的影响

| 人体系统 | 焦虑情绪的影响 |
| --- | --- |
| 心血管系统 | 心跳加快或心律不齐、血压升高、增加心脏负担，有引发心脏疾病的风险 |
| 呼吸系统 | 呼吸急促、过度换气，导致头晕、手脚发麻 |
| 消化系统 | 食欲不振、恶心、呕吐、腹痛、腹泻或便秘 |
| 肌肉骨骼系统 | 肌肉紧张、酸痛、颤抖、抽搐、容易疲劳 |
| 神经系统 | 头痛、注意力不集中、记忆力减退、失眠、多梦 |
| 内分泌系统 | 激素失衡，如皮质醇分泌增加、影响免疫系统功能、抵抗力下降、容易生病 |

　　了解情绪的触发因素也是识别情绪过程中必不可少的环节。在职场环境中，情绪的触发因素多种多样。工作任务的压力是常见的因素之一，当面临紧迫的截止日期、繁重的工作量时，人很容易产生焦虑情绪。例如，需要在短时间内完成一个重要的项目报告，可

能会触发员工的焦虑情绪。人际冲突也是重要的触发因素，如与同事在工作理念、责任划分上存在分歧，可能引发愤怒或沮丧情绪。在团队合作中，因他人的失误导致项目受阻，会让人产生不满和失望的情绪。了解了这些触发因素后，我们就能在情绪产生时快速识别其来源，进而更好地应对。

不同的情绪对我们的职场表现和职业发展有着不同的影响，这也是我们需要认识情绪的重要原因。积极的情绪，如喜悦和自信，能够提升我们的工作动力和创造力，使我们在工作中更加投入和高效。当我们看到一位同事在成功完成一个重要项目后，更加积极地投入到后续的工作中，我们就会明白他正处于成功带来的喜悦和成就感之中。对于企业管理者来说，及时识别并有效借助这种积极情绪来激励团队和提高绩效是非常重要的。而消极情绪，如焦虑、愤怒和悲伤，如果不能及时调节和管理，可能会导致工作效率下降、决策失误，甚至影响职业发展和身心健康。长期处于工作压力带来的焦虑状态中可能会使人出现失眠、注意力不集中等问题，进而影响工作质量和错失职业晋升的机会。

学会给情绪命名也是情绪识别的关键一环。当我们能够准确地为自己所感受到的情绪贴上标签，如明确地知道自己此刻是"焦虑"而不是"恐惧"，是"嫉妒"而不是"羡慕"，我们就能更清晰地理解自己的内心。给情绪命名的过程就像是给混乱的感受找到了归属，使我们能够更有条理地处理情绪。当你感到心里像一团乱麻，又说不出具体的感受时，静下心来分析，也许你会发现是"不安"的情绪在作祟。

第二节
# 情绪的表达艺术
▼

如果能够很好地识别和接纳情绪是为我们擦亮了洞悉"情绪万花筒"的一双慧眼，那么学习和掌握情绪表达的技巧就是帮助我们转动万花筒、创作美丽情绪画作的一双巧手！特别是在职场人际环境中，掌握情绪表达作为职场必备技能，对于个人职业发展和企业管理都具有至关重要的意义，不仅能帮助我们更好地应对工作中的挑战，还能提升工作满意度和团队协作效率。

## 一、理性与感性的平衡：为何需要表达情绪

首先，合理的情绪表达有助于建立良好的人际关系。当我们能够清晰、真诚地表达自己的情绪时，同事和上司就能够更好地理解我们的立场和需求，从而减少误解和冲突。

其次，合理表达情绪能够提高工作效率。积极的情绪，如兴奋、热情和自信，能够激发我们的创造力和动力，使我们更加专注地投入工作；而消极情绪，如果能够恰当地表达和处理，也可以转化为个人改进和成长的契机。比如，当我们在工作中遇到挫折而感到沮丧时，及时与团队成员分享自己的感受，共同分析问题、寻找解决办法，我们能够避免情绪内耗，快速调整状态，重新投入工作。

再次，合理的情绪表达还有助于维护个人的心理健康。职场压力往往会引发各种情绪，如果长期压抑或不当宣泄，可能会导致焦虑、抑郁等心理问题。通过合理的表达，我们不仅能够释放内心的压力，还可以保持心理的平衡和健康。

最后，在职场中情绪的识别和表达深刻影响着企业员工的自我认知与自尊水平。比如，在某个工作方案的讨论会上，那些能够清晰识别自己对于方案的疑虑，并以理性、恰当的方式表达出来的员工，更容易在团队中建立自信和权威；而那些即便有不同看法，却因害怕或其他感受而不敢表达的员工，事后可能会质疑自己的能力和价值。

## 二、转动万花筒：恰当表达情绪

首先，我们要明白，情绪表达并不是简单地把内心的感受一股脑地倒出来，而是要根据场合、对象和目的进行适度的调整。情绪表达的方式至关重要，语言是我们表达情绪的主要工具，但肢体语言、面部表情和语调等非语言因素同样能够传达丰富的情感信息。一个微笑、一个肯定的眼神或者一个鼓励的拥抱，有时比千言万语更有力量。

其次，在繁忙的工作中还需要特别注意情绪表达的时机。职场中选择一个合适的时间和地点来表达情绪非常重要，如在正式的会议、商务谈判等场合，要保持冷静和专业，避免过于情绪化地表达；而在团队内部的讨论、分享或一对一的沟通中，可以更加真实地表达自己的情绪。在表达自己情绪的同时，也要尊重他人的感受，避免将自己的情绪强加给他人，或者以情绪为借口伤害他人的自尊和利益。要学会换位思考，理解对方的立场和感受，以营造更加和谐、平等的沟通氛围。当我们与同事发生分歧时，要尊重对方的观点和意见，以开放的心态共同探讨解决方案，而不是一味地坚持自己的观点，贬低对方的想法。

此外，不同的文化背景和职场环境对情绪表达也有着不同的规范和期望。在一些较为开放和活跃的企业中，直接而强烈的情绪表达可能更容易被接受；而在一些传统和保守的企业中，可能更倾向于含蓄内敛的表达方式。因此，我们需要根据具体的情景来调整自己的情绪表达策略。

掌握情绪表达的艺术，能够让我们在职场中更加游刃有余，帮助我们建立良好的人际关系，提升工作效率和职业满意度。我们可以通过多种方式来表达情绪，以下是一些常见且有效的方式。

## （一）语言表达

语言是我们表达情绪最直接的工具。在表达情绪时，要注意使用清晰、准确、恰当的词汇和语气。例如，当我们对同事的行为感到不满时，可以说"我对这件事情有些失望，因为……，我希望我们能够……"，而不是使用攻击性的语言指责对方。此外，在向上司反馈问题或提出建议时，也要注意措辞，以尊重和专业的态度表达自己的观点和感受。比如，"我非常重视这个项目，但是目前遇到了一些困难，我感到有些焦虑，希望能够得到您的指导和支持"。

## （二）非语言表达

除了语言，我们的肢体语言、面部表情和眼神等非语言信号也能够传达情绪。保持良好的体态、微笑、眼神接触等都能够传递积极的情绪；而皱眉、抱臂、眼神回避等则可能传达出消极或抵触的情绪。在会议、谈判、团队讨论等场合，要注意自己的非语言表达，确保与所想表达的内容一致。在与客户沟通时，保持微笑、点头、眼神专注，能够让客户感受到我们的热情和诚意；在与同事讨论问题时，避免双手抱胸、跷二郎腿等防御性姿势，能够营造更加开放和合作的氛围。

## （三）书面表达

在某些情况下，书面表达也是一种有效的情绪表达方式。例如，当我们需要向上司或团队成员详细阐述某个问题或表达复杂的感受时，写邮件、报告或备忘录等书面形式可以让我们更加有条理地组织思路，清晰地表达自己的观点和情绪。在书面表达中，要注意语言规范、逻辑清晰、表达简洁，避免使用过于情绪化或模糊的措辞。在给上司写工作汇报时，我们可以在适当的地方提及自己在项目过程中的感受和体会，如"在这个项目中，我经历了从紧张到自信的转变，通过不断地学习和努力，最终取得了不错的成果，我感到非常自豪和满足"。

## （四）艺术表达

对一些难以用语言直接表达的情绪，我们还可以通过艺术的方式来表达，如绘画、音乐、写作等。这些方式能够帮助我们深入挖掘人们内心的感受，以更加独特和创造性的方式表达情绪。例如，在团队建设活动中，组织一次绘画或写作分享活动，让员工通过艺术作品表达自己对工作、团队和职业发展的感受和期望，不仅能够增强团队成员之间的了解和共鸣，还能够激发员工的创造力和想象力。

## 三、疏通企业情绪症结：职场中的情绪表达获益

从企业工作效率的角度来看，如果企业中有较多员工能够良好地识别和表达情绪，那么在团队协作过程中，成员之间就能够更高效地沟通，减少因情绪问题导致的误解和内耗。相反，如果员工普遍存在情绪识别与表达的问题，企业内部可能会充斥着压抑、焦虑

的氛围，员工之间容易产生矛盾冲突，影响团队的凝聚力，企业的整体运营效率和竞争力也会大大降低。这无疑会给企业管理带来诸多挑战。

因此，对于企业管理者来说，了解员工的情绪表达特点和需求，有助于更好地进行企业管理。管理者可以通过建立开放、包容的企业文化，鼓励员工合理表达情绪，营造一个健康、积极的工作氛围，定期组织员工座谈会、设立意见箱、开展员工满意度调查等，让员工有机会表达自己的想法和感受。同时，管理者还要加强自身的情绪管理能力，以积极的情绪状态和良好的沟通方式影响员工，为员工树立榜样。

此外，管理者还可以根据员工的情绪状态和需求，制定个性化的激励措施和职业发展规划，提高员工的工作积极性和满意度。对于工作压力大、情绪焦虑的员工，管理者可以给予更多的支持和鼓励，帮助他们调整工作节奏，缓解压力；对于表现出色、情绪积极的员工，及时给予奖励和晋升机会，激发他们的工作动力和创造力。

总之，掌握情绪表达的艺术是职场成功的关键之一。通过合理恰当的表达方式，我们能够在职场中建立良好的人际关系，提高工作效率，维护心理健康，同时也能够为企业管理提供有益的支持和帮助。

第三节
# 情绪的调节与管理
▼

在认识、接纳和合理表达情绪的基础上，我们会发现：当负面情绪出现时，进行有效的自我调节和管理，对心理健康大有益处。负面情绪在职场中不可避免，若能及时察觉并积极调节则可以促进工作者的心理健康发展。所以，详细了解一些调节和管理情绪的方法非常重要。

第一，观察并了解自己的情绪反应模式。留意自己在不同情境下的情绪反应，比如，在面对工作压力时是容易焦虑还是能够保持冷静，在与同事发生冲突时是愤怒地爆发还是理智地应对。通过自我观察，我们能够发现自己情绪的触发点和模式，从而有针对性地进行调节。例如，发现自己在临近项目截止日期时会变得异常焦虑，那么我们平时可以提前规划工作进度，合理分配时间，以缓解这种焦虑情绪。又如，当注意到与某个特定同事合作时容易产生抵触情绪，那么我们可以反思是自己的工作方式问题还是心态问题，进而调整自己的态度和沟通方式。

第二，学习认知重构，进行内在调节。认知重构是一种有效的情绪调节策略。当我们面临负面情绪时，尝试从不同的角度看待问题，改变自己的思维方式。比如，当我们因为项目失败而感到沮丧时，不要一味地责备自己能力不足，而是要思考这次的失败可以为下次的成功积累经验。同样，在面对同事的批评时，不要将其视为对个人的攻击，而要看作有利于改进工作的宝贵建议。又如，当我们升职的机会被他人夺去时，不要陷入自怨自艾，而要将其视为一个反思和提升能力的契机，为下一次机遇做好充分的准备；当我们承担的工作任务过于繁重而感到不堪重负时，不要只看到压力和困难，而要把它当作是锻炼自己能力、提升职业技能的机会。这种思维方式的转变能够帮助我们以更加积极的心态面对挑战，有效地调节负面情绪。

第三，学习减压方法和技巧。情绪调节还需要我们建立良好的应对机制。例如，在工作间隙进行深呼吸、冥想或者简单的伸展运动等短暂的放松练习，能够帮助我们缓解紧张情绪。合理安排工作和休息时间，避免过度劳累，也是保持情绪稳定的重要因素。此外，培养兴趣爱好，在工作之外找到放松和愉悦的方式，能够为我们的情绪提供一个出口。具体来说，每天工作一段时间后，可以进行几分钟的深呼吸练习，闭上眼睛，慢慢地吸气，使腹部膨胀，然后缓缓呼气，感受身体的放松；或者在午休时间进行一段简短的冥想，专注于自己的呼吸和当下的感受，排除杂念；工作之余，参加运动健身、绘画、阅读等活动，不仅可以转移工作中的压力，还能丰富生活，为情绪注入正能量。

最后，在前三个方面的基础上形成一套行之有效的压力应对方案。每个人的工作环境和性格特点不同，因此，需要根据自身实际情况制定专属的情绪管理方案。对于容易焦虑的人，可以制订详细的工作计划和时间安排表，预留出一定的弹性时间应对突发情况；对于情绪容易受他人影响的人，可以设定心理边界，明确工作职责和范围，避免过度卷入他人的情绪和问题；对于压力过大导致情绪崩溃的情况，可以制订定期的放松和休闲计划，如每周安排一次户外运动或者每月进行一次短途旅行。

情绪管理并非一蹴而就，需要我们不断地练习和实践。通过掌握有效的调节方法，我们能够在职场中保持良好的心态，更好地应对各种挑战，实现个人的职业发展。

## Tips
# 管理者预案：如何做好
# 职场中的情绪管理

▼

作为企业管理者，关注团队成员的情绪状态并进行有效的管理，对于提升团队整体表现至关重要。

## （一）支持员工自我情绪管理

### 1. 增强自我意识

鼓励团队成员时刻留意自己的情绪状态。例如，了解自己在面对多项紧急任务时是否会焦虑，在与同事意见不合时是否会过度愤怒等，以便提前预测并准备应对可能出现的情况。让成员通过自我观察，清晰认识哪些工作情境容易引发其特定的情绪。

### 2. 学习情绪调节技巧

教导成员在感到压力过大或情绪激动时，尝试用深呼吸、冥想或暂时离开当前环境来冷静等办法解决。比如，在与客户发生争执时，先深呼吸几次，平复情绪后再理性处理。

### 3. 进行积极的思维转换

引导成员将挑战视为成长机会，而非无法逾越的障碍。当项目遇到困难，鼓励成员思考如何从中汲取经验，提升解决问题的能力，而非只看到问题本身。

## （二）打造健康的情绪环境

### 1. 良好的沟通

营造开放和尊重的团队沟通氛围，避免因误解产生负面情绪。

当成员之间意见不合时，提醒他们耐心倾听对方的观点，注意表达时的措辞和语气。

### 2. 合理规划时间

引入有效的时间管理工具和方法，如番茄工作法、待办事项清单等，规划工作时间和任务安排。避免因任务堆积和时间紧迫带来的压力与焦虑，提高工作效率，打造更加从容的工作节奏。

### 3. 设定合理的目标和期望

制定既具挑战性又切实可行的团队目标，避免目标过高导致成员因难以达成而情绪低落。例如，管理者根据实际情况设定销售指标，让成员通过努力能够实现，增强其信心和积极性。

## （三）构建有力的团队支持系统

### 1. 建立人际支持

在团队内部建立良好的互助机制，让成员之间能够相互支持和鼓励。当成员遇到情绪问题时，鼓励他们与同事交流分享。

### 2. 平衡工作与生活

倡导成员充分利用业余时间放松和娱乐，缓解工作疲劳和压力。周末组织户外活动，或鼓励成员在晚上阅读、练习瑜伽等。

### 3. 培养幽默感

营造轻松幽默的团队氛围，让成员在面对工作上的小挫折时能以乐观的心态看待。比如，在会议上出现小失误时，用幽默的方式化解尴尬，展现团队的豁达与包容。

表3-2是可供参考使用的员工情绪管理策略，管理者也可以根据企业自身的情况和特点，使用更为适合的方式开展工作。

表3-2 职场情绪管理策略

| 分类 | 具体内容 | 实施方法和策略 |
|---|---|---|
| 支持员工自我情绪管理 | 增强自我意识 | 1. 每年进行1~2次员工情绪自评问卷，涵盖常见工作场景下的情绪反应，帮助员工更系统地了解自己的情绪状态 |
| | | 2. 开展小组分享会，员工分组交流自我观察情绪的心得和应对策略 |
| | | 3. 为员工提供情绪管理相关的在线课程资源，鼓励其自主学习 |
| | 学习情绪调节技巧 | 1. 在办公区域设置放松角落，配备舒适的按摩椅、解压玩具等，员工可在休息时间使用 |
| | | 2. 邀请心理专家开展定期的情绪调节讲座或工作坊 |
| | | 3. 建立情绪调节打卡制度，员工记录自己使用情绪调节技巧的情况，如连续打卡一个月可获得小奖励 |
| | 进行积极的思维转换 | 1. 每周设立"分享&成长日"，员工在这一天分享工作和生活中的积极事件和成长收获 |
| | | 2. 对成功将挑战转化为成长机会的员工进行宣传和表彰 |
| | | 3. 在项目启动会上，引导员工制定积极的目标和预期的成果，从一开始就建立积极的思维方式 |
| 打造健康的情绪环境 | 良好的沟通 | 1. 制定沟通反馈机制，员工可以匿名反馈沟通中存在的问题 |
| | | 2. 每月进行一次沟通技巧培训，重点训练员工的倾听和表达能力 |
| | | 3. 设立沟通奖励，对在沟通方面表现优秀的员工给予奖励，如"最佳沟通者"称号 |

续表3-2

| 分类 | 具体内容 | 实施方法和策略 |
|------|---------|--------------|
| 打造健康的情绪环境 | 合理规划时间 | 1. 为员工提供时间管理软件，并组织相应的培训课程 |
| | | 2. 每周进行时间管理复盘会议，员工分享自己的时间安排和改进措施 |
| | | 3. 设立"高效时间管理团队"奖，激励整个团队提高效率 |
| | 设定合理的目标和期望 | 1. 在制定目标时组织员工参与讨论，确保目标的合理性和可行性 |
| | | 2. 定期评估目标进展，根据实际情况调整目标难度 |
| | | 3. 对完成目标的员工给予及时的奖励和认可，对未完成目标的员工进行一对一交流或帮助，分析原因并制订改进计划 |
| 构建有力的团队支持系统 | 建立人际支持 | 1. 成立员工互助小组，定期组织活动，增进成员之间的感情 |
| | | 2. 设立"互助之星"奖项，鼓励员工之间相互帮助 |
| | | 3. 建立线上互助平台，员工可以随时发布自己的问题和需求，其他员工可提供帮助和建议 |
| | 平衡工作与生活 | 1. 实行弹性工作制度，员工可根据自己的情况申请调整工作时间 |
| | | 2. 定期组织员工休闲活动，如户外徒步、放映电影等 |
| | | 3. 为员工提供健身福利，如健身房会员卡或运动课程补贴 |
| | 培养幽默感 | 1. 设立"幽默墙"，员工可以张贴幽默的图片、段子等 |
| | | 2. 举办幽默故事分享会，让员工在轻松的氛围中缓解压力 |
| | | 3. 鼓励管理者在日常工作中适当运用幽默的语言和方式，起到带头作用 |

第四章

# 人际关系篇：职场中的人际相处，
# 走心还是走脑

**【心理案例3】**

又到一年校招季。看着窗外细细密密的小雨，Cici端起手边的咖啡杯陷入了无尽的沉思。

Cici在一家外企从事人力资源工作，拥有7年的招聘经验，是部门中的骨干。Cici是大家公认的部门"钢铁女侠"，为人冷静，做事高效，和所有同事都建立了比较好的关系。大家对Cici的评价是：人美心善，有求必应。

没想到，部门最忙的时刻，还赶上了部门换老板和公司搬家两桩"大事件"。新来的部门老大Amy是雷厉风行的女霸总风格，分管人事和行政两大业务。因此，刚一上任Amy就对眼前的工作提出要求：搬家校招"两手抓，两手硬"。

准备校招介绍、安排校园宣讲、筛选简历……Cici每天兢兢业业，总是部门里最晚下班的一个。好不容易，公司终于完成乔迁之喜。新办公室还来不及收拾，落座新工位的Cici发现不妙。因为是过敏体质，新装修的办公环境很快让她出现了过敏反应：浑身出红疹，眼泪直流。更要命的是，高强度的工作导致抵抗力下降，过敏原又激发了Cici哮喘的老毛病。

"咳咳咳……"每天上班，Cici戴着N95口罩，依旧咳个不停。

正当Cici感到力不从心时，老大Amy走进办公室，斜着眼看着Cici说："这套资料赶紧修改一下，下午去校招现场急用！对了，明天会议的ppt最后一页你抓紧改完发我。"

正对着电脑打字的Cici来不及抬头，赶忙说："好好好。"话音未落，又是一阵急促的咳嗽声。抱着试一试的心态，Cici问："忙完明天的会议后，我能不能申请休假几天，调整下身体状态。"

"现在是部门最忙的时候，你坚持坚持！撑过校招季，项目先完成再说。"Amy抬眼看了看自己新做的指甲，又瞥了一眼座位上的Cici。

"咳咳，好好……"Cici感觉自己的肺都快咳出来了，一阵胃酸涌出喉咙，她赶紧捂着嘴，一路往卫生间跑。

路过茶水间时，Cici听到两位同事在窃窃私语，讨论着公司最近"优化"名单的事，大家对整个人事部敢怒而不敢言。其中一个同事说："我听说Cici和John在谈恋爱，他们总是一个时间下班。如果是Cici来拟定优化名单，那John肯定是安全的，再怎么样Cici也会想办法保他的。"这时，两位同事突然看到门外的Cici，然后他们面面相觑，假装没看到Cici，若无其事地扭头离开了，一边走还一边继续小声议论Cici的其他事情。

茶水间的八卦信息让Cici有些崩溃，她以为自己能和所有人都相处融洽，但是却忘了自己的工作最容易得罪人。她一时间不知该和谁解释和倾诉，整个人颤抖着回到工位，蜷缩在角落咳个不停。工位上是一大摞新来的资料，微信里Amy正催促自己抓紧修改。Cici内心无比憋屈，不争气的身体就像一台"拖拉机"，明明自己已经在硬撑了，上司非但不理解，还要加活！

第二天部门例会上，Amy正在介绍最近校招的阶段成果，脸上神采奕奕。汇报中，她非但没提及团体其他成员的协作贡献，还借机嘲讽了Cici病恹恹的身体。突然，Cici面色突变，浑身颤抖，她举起手中的文件夹用力往地上一扔，纸张散落一地。她大声责问Amy："为什么要这样？欺人太甚了！"一时间，会议室的空气都凝固了，大家目瞪口呆地看着Cici。

生活中有一些人认为建立和维护人际关系是一件非常刻意且令人不齿的事情。"如果还要我花精力去建立和维护关系，那说明这个关系本身就不牢靠。"可是，那些不需要我们花很大精力去建立和维护的人际关系里，也一定会有关系的流动，只不过这种流动是在我们的认知范围内，并且使用了我们习惯的方式，所以我们不会觉得很麻烦。但如果在人际关系中我们感觉到了困扰，也许就需要我们多花一些精力来调整人际交往方式了。

　　实际上，良好的人际关系并不意味着要谦卑和忍耐，在职场中，这一点也非常重要。Cici 的案例让我们看到了职场中有不少人际关系的冲突。这不仅影响了工作，还影响了 Cici 自己的情绪和健康。Cici 一开始倾向于忍耐，甚至小心翼翼地提出自己的需求。当 Amy 无法理解并嘲讽了 Cici 时，两个人的冲突升级至最高点。

第一节
# 建立职场关系的误区

▼

跟一个人的距离有多近，才能既有比较好的交流，又不至于被他人冒犯？这是人际关系中不可避免的问题。在职场中感到人际相处有压力，可能是因为我们对职场中应该保持什么样的人际关系存在误解。

**误区一　我要和同事处得像朋友或家人一样**

在职场中，许多人认为与同事建立紧密的关系有助于提升工作效率和团队协作，所以，他们有意识或无意识地想要和同事们成为"相亲相爱的一家人"。这种想法虽然出于善意，但却存在一定的风险。朋友关系通常意味着高度的信任和情感上的投入，但过于亲密可能导致边界模糊，不仅影响工作的专业性，还可能会让我们感觉到被冒犯，从而引起情绪的波澜。例如，我们可能会听到这样的话："我对你就像亲生女儿/亲兄弟一样，可你呢，总是拒绝我这边给你的工作。"听到这样的话，我们可能会感到生气、委屈或者厌恶，因为它让工作上的来往掺杂了太多情感因素。此外，如果同事之间的关系过于亲密，还可能会影响公正性，在处理问题时容易出现偏袒，甚至在关键时刻难以做出客观的决策。Cici就试图与每位同事建立友谊。然而，当她需要做出一些有关同事利益的决策时，这种过度的情感投入让她感到左右为难，甚至影响了她的工作效率。因此，保持适当的专业距离，有助于维持工作中的专业性和客观性。

**误区二　工作就是工作，工作中的人际交往不能带有任何感情**

如果在工作中与同事过于疏离，可能会给人"不近人情"的印象。然而，"不近人情"并不意味着工作就能顺利地进行，因为有时候，我们需要在工作的协调与沟通中适度考虑他人的感受。Cici的身体出了问题需要请假，而Amy的回应给人的感觉是冷冰冰的，这当然会让Cici有更多的负面情绪。这样的情绪接下来可能就会给工作带来更多不利的影响，因为带着情绪工作，不仅当下的效率可能降低，而且也不利于后续双方的沟通和误会的澄清。

### 误区三　不能麻烦别人，自己的工作要独立完成

有些人因为害怕给别人添麻烦，或者不知道怎么开口，在职场中有很多工作，整天埋头苦干，恨不得所有事情都一个人独立完成。虽然独立工作能力是重要的，但完全独立地工作也会带来一些问题。首先，完全独立地工作可能会因为与同事之间缺乏沟通而导致工作方向出现偏差。在现代职场中，团队合作是完成复杂任务和项目的关键。独立工作过度会导致团队成员之间缺乏交流和互动，进而影响团队整体协作。其次，完全独立工作的背后可能是缺乏对其他人的信任感。缺乏信任感会导致我们难以将手里的工作交付给其他人，这可能会让我们自己非常疲惫，也不利于提升团队的凝聚力和工作效率。

### 误区四　必须有人为我提供帮助和指导

和上面的情况相反，有些人习惯于依赖他人，总是过度寻求他人的帮助和指导，而忽略了自己自主解决问题的能力。这种依赖性会让同事感到负担。"过度"指的是事无巨细都要让别人告诉自己怎么做，或者工作非常被动，如果得不到非常具体的指令就没办法继续做事。例如，3月份的时候，领导说要在7月份办一场大型培训，并告诉下属这件事应当如何去做。5月的时候，当领导问下属这件事情的进展如何，发现进展为零。原来下属一直在等领导给一个明确

的指令，应该在7月的哪一天举办培训。下属在等着别人告诉他所有的信息，却没有主动去问一下领导或者是任何相关的人。这位下属不仅过度依赖，缺乏主动解决问题的能力，而且在职场的沟通中也存在问题。

　　良好的人际关系是职场中愉快合作的基础，而沟通是职场关系的核心。在职场中，信息的传递和交流至关重要。无论是面对面的交流还是通过电子邮件、会议等形式的沟通，信息的误传或误解都会导致问题的发生。因此，我们需要学会如何在职场中恰当地沟通。

第二节
# 明确职场中人际互动的目标
▼

　　在职场中，良好的人际关系能够提高工作效率和满意度。不过，在学习如何人际交往之前，我们得先明确一个概念，就是人际交往的目标。每一个人际交往的情境，我们的目标可能都不一样。而只有知道了目标是什么，我们才能选用合适的策略。

　　人际互动的目标有哪些呢？一般的人际互动，目标大概分为三类：获得你想要的具体结果、保持好的人际关系、维护自尊。就拿Cici来说，前面的案例中体现了她在不同情况下不同人际互动的目标。当Cici身体不适，向Amy提出忙完会议后想休假几天时，她的人际互动目标就是获得她想要的具体结果——休假；当Cici对于同事的请求有求必应时，她的人际互动目标是保持好的人际关系；而当Cici大声指责Amy"欺人太甚"时，她是在维护自尊。尽管Cici不见得知道这些理论，但如果我们有这样一个概念，来给职场中的人际互动进行分类，也许我们就会更清楚自己应该做什么。

　　在人际互动中究竟应该以什么为目标，没有一个标准答案，我们需要根据此时此地的情况综合判断。有人会问，为什么一定要做选择呢？我全都要。可是，一个人际互动场景中，既能获得想要的具体结果，又能保持好的关系，还能维护自尊，这是非常难得的理想状态。因此，如果三个目标无法在一个情境中达成，我们就需要考虑优先级，在无法达成其他目标的时候，优先努力实现最重要的人际互动目标。

　　不过，人际互动除了要看此时此地的情况，还要考虑长期的影响。"长期"指的是从更长的时间维度上来看现在如何行动更有效。

还是回到Cici的例子，她在最后和Amy爆发了强烈的冲突，也可能是因为之前她在职场的人际互动中几乎没有维护过自尊。如果她考虑到在之前的人际互动中自己较少维护自尊这一点，就可以使用别的方法多给自己积累一些以维护自尊为目标的成功经验，也许她就不会在最后大爆发了。对于Amy也是一样。Amy之前对待下属多是以获得自己想要的具体结果为目标，但是这样的策略可能会导致她忽略和下属的关系。Amy培养了一个工作效率低下、充满负面情绪和对抗的下属。所以，我们需要达到三个目标之间的总体平衡。

如何判断自己人际互动的目标是什么呢？我们可以问自己三个问题。

（1）我想从这次人际互动中获得什么结果？

（2）我希望在这次人际互动后给别人留下什么样的印象或感受？

（3）我希望在这次人际互动后对自己有什么样的评价？

思考这三个问题，再根据答案进行重要性排序。获得你想要的具体结果，保持好的人际关系，维护自尊。当答案的重要性排出顺序，人际互动中目标的主次也就浮出水面了。之后选择策略就变得比较简单，也就是：我需要做到什么才能在这次互动中获得具体的结果 / 获得别人对我特定的印象和感受 / 获得我对自己这样的评价？怎么做最管用？相信在这样的追问下，我们必定会找到属于自己的方法和策略。

第三节

# 职场中的人际关系策略：与同事如何相处

▼

在职场中和同事的相处是否融洽，对于我们的工作效率和心情会有比较大的影响。我们和同事的相处需要关注三个要点。

## 一、是否给予充分的尊重和理解

在与同事相处时，尊重和理解是关键。每个人都有自己的个性和工作方式，理解并尊重这些差异可以促进彼此和谐相处。有些人的性格会让我们不舒服，但是在职场中，我们不需要把每个同事都处成朋友。在沟通时更多使用陈述性的语言，不用评判性语言和情绪化语言会有利于传递理解和尊重。当然，尊重和理解也不仅体现在语言上，而且也体现在行为和态度上。新员工培训时，人力资源部门需告知新员工职场中的禁忌，将理解和尊重的态度传递给每一个人。

## 二、面对问题和冲突时是否主动进行积极的沟通

通过积极的沟通，及时解决工作中的问题和矛盾，可以减少彼此之间的误解和冲突。很多时候，冲突的出现只是因为信息没有得到充分的交换。试想一下，如果B和C合作，而C对于这件事毫不知情，很可能会对B发泄情绪。B需要主动和C沟通以促进合作，在和C其他的合作中注意保持良好的关系。当然，对于C来说，可能需要反思的是，在B面前以维护自尊为目标进行人际沟通是否有利于工

作的开展，如何调整职场人际交往的策略和目标。总之，无论站在哪个角色上，保持开放的态度，愿意倾听他人的意见，都是积极沟通的要素，因为积极沟通不仅包括表达自己的观点，还包括主动了解他人的需求。

## 三、是否考虑同事之间的"给予"和"获得"

在团队工作中，合作精神至关重要。合作的过程中可能会涉及妥协与让步。在这个过程中，我们需要非常清楚自己的底线，自己能给同事多少支持，在多大程度上让步，需要从同事那里得到什么样的支持或妥协。"给予"和"获得"之间要相对平衡。如果总是"给予"或者总是期待"获得"，将不利于合作项目的顺利推进。

第四节
# 职场中的人际关系策略：与上级如何相处

▼

在职场中，"上级"是一个拥有权威的人。对于那些和权威的人相处存在问题的人来说，如何与自己的上级相处是一个非常令人头疼的问题。有些人因为惧怕权威而不愿与上级沟通。实际上，在处理和上级的关系中，主动沟通尤为重要。通过主动汇报工作进展和需要解决的问题，可以增加工作的透明度，增加信任，减少误解和冲突。

## 一、当与上级意见不同时如何相处

在职场中，我们经常被要求尊重上级的经验和决策，充分执行上级的指示并做好反馈。然而，如果我们的想法和"权威"不一样，该如何处理意见不一致时可能会带来的人际冲突呢？我们需要在尊重的基础上，适时地表达自己的意见和建议，以提高沟通效率。在本章第八部分"职场社交达人攻略"中会详细讲解表达意见的技巧。

## 二、当感觉上级批评自己时如何相处

与上级建立良好的关系，可以帮助自己获得更多的指导和支持，从而促进职业发展。这是因为作为上级，他们在职场走过更多的路，可能已经看到了我们未曾看清的职业发展路径。然而，作为下属，我们不可避免地会受到"权威"的批评。如何面对？我们需要具体情况具体分析。

对于情绪比较稳定、有一定管理智慧的上级来说，他们在批评下属时更多的是指出问题并提出改进建议，而不会使用人身攻击的语言。作为下属的我们需要理解沟通中的"对事不对人"，把"批评"看作了解工作中的不足和改进方向的机会，这样不但我们的自尊不会受到损害，而且也可以不断提升自己的能力。

对于另一些上级，由于他们自身的局限性，有时候会讲出一些伤害他人自尊的话，如"你怎么这么笨""连这点事情都做不好，你就是没把我这个领导放在眼里"等。对于下属来说，一方面，我们需要清楚，这和对方的局限性有关，我们无需在意那些对我们的人格进行攻击的话，可以通过情绪调节的技巧来稳定情绪；另一方面，我们可能需要一些"向上管理"的策略，引导上级说明对我们的不满到底和工作中的哪些问题有关，找到改进措施。如果上级的观点我们不认可，那么我们可以回到表达意见的技巧部分，学习用适时适度的方式表达观点。此外，我们也可以和信任的同事或朋友交流，获取心理上的支持。

## 第五节
# 职场中的人际关系策略：与下属如何相处

对于长期处于管理位置的人，有时候会忽略与下属的相处之道。这需要得到足够的重视。由于管理者的位置，我们的要求常常被下属认为是必须完全执行。如果不注意沟通方式，可能会让下属产生误解和对工作的抵触情绪，这不利于提升工作效率。因为情绪会让人把注意力集中在处理人际关系上，而忽略了解决问题本身。如果像 Amy 那样，对下属有意或无意地展示出轻蔑的态度，或者忽略下属的贡献，最终会导致下属激烈地反抗，或者因为内耗产生一系列的心身问题。那么，作为上级，该如何与下属相处呢？

## 一、表达关心和支持

对下级的关心和支持是建立良好的上下级关系的基础。在工作中，上级可以通过了解下级的需求和困难，提供必要的帮助和指导，提高团队的凝聚力和工作满意度。此外，关心下属不仅体现在工作上，还包括对其个人生活的理解和支持。不过需要注意的是，当表达关心和支持时，不要用"指责式"的语言表达关心。例如，"你再不上点心今年涨工资就难啦""30 岁了，怎么还不找对象"等。相反，我们要使用开放式的问句和第一人称相结合的方法表达关心和支持。例如，"最近工作上遇到什么困难了吗？有什么我可以支持到你的？""一个人在大城市打拼感觉如何？"在表达关心和支持的时候一定要注意边界——也就是保持一定的社交距离，不能询问超过边界的问题或者提供越界的支持。至于边界在哪里，可能需要我们每个人思考。总的来说，如果站在他人的立场上，被问到这个问题或者表达这个关心会让我们感觉不舒服，那就是一个越界的关心了。

## 二、多传递耐心，少传递焦虑

"这个人怎么这么笨，就是不能理解我的意思！"这是我们经常听到上级对下级的抱怨。然而，如果下级无法明白上级需要他们做什么，作为上级，是有必要解释清楚的。在这样的过程中需要上级保持耐心，并认真倾听，看看下级不理解的地方究竟是哪里。通过我们的耐心传递出我们对下级以及对沟通内容的重视，确保沟通有效。当作为上级的个体，因为各种原因感觉有压力和焦虑的时候，我们也需要及时觉察，避免把这个焦虑传递给下级。因为焦虑的传导不一定会解决问题，但却会让下级背负更多的情绪压力。对于那些本身压力就大、抗挫折能力没有那么强的人来说，多出来的焦虑可能足以让他们倒下，不仅影响自身的状态，还影响工作。因此，当与下级沟通时，上级要格外注意少传递负面情绪。

## 三、能够接受下级的质疑并进行积极的沟通

上级的决定也不一定总是正确或者不一定总是能被他人理解。因此，下级有时候会质疑上级，这是很正常的情况。而且，能够被下级质疑，是一个积极的信号，说明他们处在相对安全的环境中，敢于提出疑问。面对质疑，我们需要给出回应和合理的解释。例如，当下级质疑工作流程的合理性时，上级在否定下级的质疑之前，首先要想一想，流程设计之初是如何考虑的，此时下级提出的质疑是否有道理？如果有道理，上级需要表达感谢，并考虑如何推动流程的改进；如果下级的质疑不合理，上级需要主动做出解释。尽管在

一些情境下，下级无法理解上级做的决定，或者无法理解上级的思考方式，上级也不要把它归结为是对自己的权威发起的挑战，而需要接纳这样的情况。否则，上级因为比下级的权力多一点，可能会有意无意地使用这种权力质疑下级的为人。这会导致沟通渠道的关闭，也会导致更多的冲突和矛盾。

第六节

# 职场中的人际关系策略：
# 办公室恋情，怎样才不会影响工作

▼

办公室恋情在职场中并不少见，甚至有的情侣最后步入了婚姻的殿堂。这在职场中是一个挑战，因为恋爱关系处理不当可能会影响工作和人际关系。恋爱或者婚姻关系，相对于职场关系来说，心理距离会更近。如果有这种情况，可能需要我们在职场中做到如下几点。

## 一、公开和明确关系

办公室恋情容易引发误解和猜忌，因此公开和透明的处理方式很重要。公开透明不仅是对同事的尊重，也是对恋爱关系的保护。处于如此亲密关系的两个人很难避免被人猜忌，就像Cici那样，同事们在茶水间传她和John在谈恋爱，从而怀疑Cici会偏袒John。在这样的情况下，主动公开关系，在关键工作中注意避嫌，也许可以减少对工作产生的负面影响。

## 二、严格划分职场关系和私人关系

职场关系和私人关系分开是办公室恋情不影响工作的关键。这对亲密关系中的双方都是比较大的考验，因为需要时刻思考此时此刻自己所处的情境，明确是在职场环境中还是私人场合中，从而选择合适的策略沟通和工作。

## 三、公司预先制定明确合理的政策并做好解释

许多公司对办公室恋情有明确的政策。例如，如果两个人确认了恋爱关系，则不能同时在一个部门或一家门店工作，其中一个人需要被调离原岗位。除此之外，当恋爱双方的关系因此受到影响时，如何做好预案，将这种影响降到最低，考验的是管理者的智慧。通过明文规定，做好解释沟通，可以避免不必要的冲突。

第七节

# 有害的职场人际关系：如何识别和应对

▼

　　有人的地方就会有人际关系，而职场中的人际关系因为涉及工作利益，可能会导致更多的冲突。对于一般的冲突，我们可以就事论事地解决，但有些冲突会让我们发现职场中的某些关系十分有害。有害的职场关系主要有三个表现。

## 一、持续的冷暴力和排挤

　　在一些职场环境中，冷暴力和排挤现象比较普遍。这些行为不仅影响个人的心理健康，还会降低团队的整体效率。冷暴力包括故意忽视、排斥和孤立某个员工。这些行为使被排斥者感到孤独和无助。

## 二、背后议论他人和散布谣言

　　背后议论他人和散布谣言会破坏同事之间的信任，导致团队氛围紧张，甚至引发更严重的冲突。散布谣言和背后议论他人不仅影响个人声誉，还会对团队造成负面影响。

## 三、过度竞争和敌对情绪

　　过度竞争和敌对情绪会导致团队内部不和谐，影响员工之间的合作和沟通，进而降低工作效率，影响绩效。过度竞争会引发敌意，破坏团队合作的基础。有时候，我们会以为过度竞争是"合理的要强"，但我们需要冷静地观察一下，竞争中是否存在给人带来情绪困扰的部分，如过度地贬低他人等。职场中的敌对关系，有时候不仅是直接的言语表达，还有人通过"阴阳怪气"的方式来传递敌对情绪，如"你衣服真好看，这个牌子可不便宜吧？我们可不像你，我们没那么多工资拿来买衣服"。

对于职场中的有害关系，我们要如何应对呢？首先，我们需要保持冷静和理智，不要轻易被情绪左右。深吸一口气，在心理上后退一步，定位自己在此时此刻人际互动的目标，通过客观分析问题，找到合适的应对策略。当面临有害人际关系时，可以寻求上级或人力资源部门的帮助。通过正式渠道解决问题，避免矛盾的升级。外部支持有时能够提供客观的视角和有效的解决方案。

第八节
# 职场社交达人攻略
▼

## 一、如何明确表达请求或拒绝

在向他人表达请求或拒绝时，我们首先需要明确自己内心有多强烈地要坚持自己的意见。我们可以用以下 10 个问题来进行定位。这些问题得到明确后，当我们需要更高强度地提出请求时，我们就要坚持己见，使用更坚定的语气来表达；反之，我们就容易妥协。

（1）他人的能力可以支持我的请求吗？

（2）提出请求或者拒绝他人，哪个对我更重要？

（3）提出请求或者拒绝他人后，我的行为对我的自尊有很大的影响吗？

（4）这种情况下我和他人的正当权益能得到保障吗？

（5）我对他人来说是权威吗？（或他人对我是权威吗？）

（6）我与要沟通的人是什么关系（上级、下级、同事、亲密关系）？

（7）我的行为对长期与短期目标有何影响？

（8）在我们的关系中我能够给予或索取的程度？

（9）我是否已了解相关事实？

（10）提出请求或拒绝他人的时机对吗？

## 二、如何获得想要的结果

当我们不清楚如何通过沟通获得想要的结果时，可以尝试通过下列步骤来表达。

（1）陈述现实。不带任何感情地从客观现实的角度描述发生了什么。例如，对于Cici来说，她需要告诉Amy的是，"当我身体不舒服，想要在明天的会议忙完之后请假休息时，被你拒绝了。"

（2）用第一人称表达感受。对于Cici，她可以这样表达："我感觉很难过，因为我的身体已经很不舒服了。"

（3）表达自己并让对方看到"好处"。当Cici身体不舒服时，她需要更坚定地表达自己想要什么，并且站在对方的角度，让Amy看到如果允许Cici休假，她可以获得什么好处。例如，Cici可以说："我的身体需要休息才能恢复。身体好了工作才能更有效率，工作质量也更高。"

（4）反复强调，忽略敌意和攻击。关于Cici要请假，她可以从不同角度反复强调其重要性。如果这让Amy不耐烦，甚至对她冷嘲热讽，Cici需要忽略它，从而继续坚持己见。

（5）展示自信。如果我们要坚定地表达请求或者拒绝他人，肢体语言也很重要。我们需要挺胸抬头、用合适的音量坚定表达。

（6）学会妥协。有的时候我们需要适当妥协。例如，当Amy拒绝Cici的休假请求时，Cici可以问Amy，是否有其他既能解决其身体不适又能不影响工作的方法。例如，Cici可以申请居家办公，等身体恢复再来上班。


## 三、如何保持较好的人际关系

与他人维持良好的人际关系，我们可以从四个方面着手。

（1）展现对他人的兴趣。我们应少说多听，认真倾听他人的意见，以此表达对他人的关注。同时，注意自己的肢体语言，比如，可以将头稍微侧向对方。

（2）尊重他人。表达友好的态度，避免说教、批判、嘲笑、攻击和威胁他人，同时也要接受他人可能会拒绝自己。

（3）知行合一地理解他人。在语言和行为上保持一致，真正理解他人。例如，Amy可以对Cici说："我知道你身体不好，这肯定会让你感到难受。"同时，主动与Cici沟通，探讨如何让她的身体得到适当的休息。

（4）学会运用幽默。幽默能让人微笑，而微笑会带来放松，使人在关系中感到轻松自在。例如，当Cici的同事认为她在优化过程中会保护John时，Cici可以这样说："别看我叫Cici，工作时可不会嘻嘻哈哈。"

## 四、如何在人际互动中维护自尊

如果在人际互动中以维护自尊为目标，我们需要平等与真诚。

（1）公正地对待自己和他人。自尊涉及的是平等的感觉，而要想有这样的感觉，我们需要让自己和对方处于平等的位置，对待自己和对待他人都要秉持公正的态度，内外一致。

（2）不要把"对不起"挂在嘴边。有的人形成了道歉的习惯，一点小事都要说"对不起"。如果人际互动中我们想要维护自尊，首先就要减少"对不起"的使用频率。我们不要因为自己提出了请求或拒绝了别人而道歉，相反，我们需要思考提出的请求其合理性是什么，内心更加坚定，用更自信的态度对待他人，不要总是点头哈腰。即使是在服务业，有鞠躬的需要，我们也要以专业的态度做这件事，而不要在鞠躬时感到羞愧。

（3）展示真实的自己。意思是我们需要把自己原本的样子呈现出来。不要过度伪装，比如，假装自己是个很大度的人，但是实际上我们对他人是斤斤计较的；假装自己很无助，但是实际上心里有一万个办法；假装自己和这件事无关，总是在编造谎言和借口……这些都不利于发展自尊。真正的自尊，是在真实的基础上，感受到自己和他人的平等。

建立和维护良好的职场人际关系是每个职场人的重要任务。通过理解误区和阻碍，学习建立良好人际关系的方法，发现和应对有害的人际关系，并在走心和走脑之间找到平衡，可以有效提升工作效率和职场幸福感。

良好的人际关系也可以建立职场中的信任，而信任的建立需要通过日常的行为和互动来累积。当再次面对职场中的人际关系问题时，你知道怎么做了吗？

# 管理者预案：营造良好的人际环境

▼

通过 Cici 的经历我们可以看到，在企业管理中，营造良好的人际环境是至关重要的。它直接影响着员工的工作效率、满意度以及团队的协作与创新。和谐的人际氛围有助于提升员工的归属感和工作的积极性，有助于实现企业的可持续发展。

首先，管理者应关注员工之间的人际距离。就像 Cici 试图与每位同事建立友谊，但当需要做出影响同事利益的决策时，过度的情感投入让她左右为难，甚至影响工作效率。因此，管理者要引导员工保持适当的专业距离，避免过于亲密或疏离。比如，明确工作中的职责，避免情感因素过多地干扰工作决策。

其次，鼓励员工之间积极地沟通。Cici 在身体不适需要请假时，Amy 的回应让她情绪低落，进而影响工作。这提示我们，当员工在工作中遇到问题或冲突时，管理者应引导他们主动沟通，及时解决问题，减少误解和冲突。管理者要以身作则，营造开放的沟通氛围，倾听员工的意见或反馈。

此外，注重团队合作能力的培养。在团队工作中，要让员工明白"给予"和"获得"的平衡，就如同 Cici 在工作中可能因为过度独立而缺乏与同事的沟通和协作。管理者应鼓励员工相互支持，明确每个人的角色和责任，营造更良好的职场氛围，以取得更高效的工作结果。

在与下级相处方面，管理者要尊重员工的意见。当员工与自己意见不同时，要换位思考，在尊重的基础上，给予员工适时表达想法的机会，以提高沟通效果和工作效率。

当员工感觉受上级批评时，管理者应引导员工正确看待。如果有些上级像Amy那样，可能会说出一些伤害员工自尊的话，管理者要帮助员工理解这可能是上级的局限性，同时引导员工通过合适的方式表达自己的观点，避免情绪的过度积压。

在与下属相处时，像Cici期望从Amy那里得到的关心和支持一样，管理者要关心下属的需求和困难，提供必要的帮助和指导。同时，注意自己的言行，避免像Amy那样传递焦虑，影响下属的情绪和工作状态。

对于办公室恋情，管理者应制定明确合理的政策，并做好解释沟通工作。就像Cici因为与John的传闻而陷入困扰，管理者要通过明确的政策和公开透明的处理方式，减少不必要的猜疑和冲突，保护员工的权益，维护工作环境的和谐。

最后，管理者要警惕有害的职场人际关系。Cici所经历的冷暴力、排挤、背后议论等，都对她的工作和情绪产生了负面影响。管理者需要及时发现并处理这些问题，营造一个公平、公正、和谐的工作环境。

第五章

# 危机篇：直面人生不如意

**【心理案例4】**

在医疗B公司总部的一间宽敞明亮的会议室里，胡女士，一位在医疗行业摸爬滚打20年的资深高管，正站在讲台上为新入职的员工做培训。看着眼前的年轻后辈，她的思绪飘回到20年前。那时的她刚大学毕业，满怀着憧憬。然而，职业生涯的道路从来不是一帆风顺的。

初入职场的胡女士选择了行政岗位，但工作中感受不到价值感，逐渐失去了工作动力。30岁那年，公司组织架构调整，她机缘巧合下有了转岗的机会：从行政助理转为项目运营经理。欣喜没有太久，她就体验到了从未有过的压力和烦恼。

首当其冲的是专业上的挑战。医疗行业的客户大多是高知人群。医学领域的人际沟通有很强的专业壁垒。其次是性格上的"坎儿"。行政助理的工作任务只需完成手边的"一亩三分地"，运营工作则犹如"战场"的前线，直面客户的需求和质疑。起初，每次拜访客户前，她都会失眠几个晚上，在脑海里反复演练拜访客户时的言谈举止，夜不能寐。当丈夫关心地问她工作情况时，她感到烦躁，有时莫名其妙地想要发火。由于晚上经常睡不好，她早上很难爬起来，即便起来了，想到要去上班就很焦虑，磨蹭着不想出门，因此经常迟到。

面对新的变化和挑战，胡女士曾一度怀疑自己的选择，认为自己没有能力胜任。运营岗位繁杂的工作内容让她无所适从，找不到做事的节奏，久而久之开始出现精力难以集中、工作效率下降的情况。面对转型带来的不确定性，她开始变得焦虑、紧张，对未来的担忧和对现状的不满让她总提不起劲来。每当遇到挫折，她感到特别沮丧。

幸好，她的部门领导是一位专业过硬且亲和的前辈，及时给予了她专业上的指导和鼓励。随着时间的推移，胡女士逐渐学会了如何在高压环境下寻找平衡。于是，她开始注重工作与生活的界限，合理安排时间，参与瑜伽、冥想等放松活动，缓解身心压力。在职涯的每一个重要节点，胡女士都面临着新的挑战与危机。但正是这些经历，让她学会了如何在困境中寻找机遇，在挑战中不断成长。

　　"各位新同事，欢迎加入医疗B公司这个大家庭。"培训会结束前，胡女士和大家分享了她职涯中一个特别的故事。"在我从业的第三年，同事小李猝然离世。这件事给了我巨大的冲击。那段时间，我频繁地失眠，总是梦到小李离去的身影，醒来后满身的冷汗和无尽的焦虑。白天只要想到小李，我就会心跳加快、头痛，经常感到疲乏，无法进入工作状态。后来，我通过接受专业的心理咨询和治疗走出来，开始反思工作的意义，以及如何在追求事业成功的同时保持身心的健康。各位朋友，在最后，我想和大家说：职业生涯每一次的挑战都是成长的机会。只要我们勇敢面对，积极寻求解决方案，就一定能够走出困境，迎接更加辉煌的未来。我是你们的工作导师，欢迎大家随时来找我聊聊。"胡女士的话语激励着在场的每一个人。她的眼神中闪烁着坚定与自信，会场上响起了热烈而持久的掌声。


　　谈到危机，大部分指的是组织或企业中的经营或品牌危机。但事实上，个人在职场中同样面临着各种危机情况。从胡女士的职业成长道路中我们可以看到，职场中也可能会遇到各种心理危机。这些心理危机可能来自工作环境的突然变化、个人发展中的挑战以及职业晋升的压力。此外，职场中的一些突发事件也可能引发危机。然而，危机的背后，是"危险"与"机遇"的并存。理解和管理这些危机对于保持心理健康和实现长期的职业发展目标都至关重要。

第一节

# 职场心理危机：乘风破浪中的暴风雨

▼

　　讲职场的心理危机之前，我们需要先知道什么是心理危机。心理危机是指个体在面对超出其应对能力的重大应激事件时，产生的严重的心理失衡状态。这种失衡状态可能会导致情绪、认知和行为的显著变化，影响个人的社会功能。打个比方来说，如果把我们个人的心理应对能力比作弹簧，那么重大的应激事件就是施加在弹簧上的外力，这个力会让弹簧变形。当外力过大，弹簧可能无法恢复弹性的时候，危机便产生了。

　　那么，什么是职场心理危机呢？顾名思义，就是与职场有关的心理危机。它可能出现在初入职场时，也可能出现在工作一段时间后，甚至出现在离开职场时……实际上，很多心理危机都是在当初选择职业时就埋下了"地雷"。例如，有的人选择做销售，但是其性格内向恬静，不适合做业务；有的人选择创业开公司，但是因为缺乏相应的管理能力，导致公司赔了一大笔钱；案例中的胡女士，则是因为缺乏对工作岗位的了解和对自己的洞察，导致开始工作没多久就逐渐失去了兴趣。在工作过程中的心理危机可能就更多一些，涉及工作能力、人际关系、情绪调节、行为管理等方方面面；还有不少人因为公司裁员引发了心理危机。回顾一下我们在职场的心路历程，也许我们会发现，职场中遭遇的心理危机远比我们想象得要多。

　　是什么触发了这些心理危机呢？首先，在第二章中，我们了解了"应激源"这一概念。应激源是指能够引起一个人产生应激反应的各种内外部刺激或事件。这些刺激或事件会打破个体的生理或心理平衡，导致其产生一系列的应对反应。应激源可以是环境中的物理因素或社会因素，也可以是个体的心理因素或情感因素。了解"应激源"这一概念至关重要。因为只有清楚了应激源是什么，我们才能找到有效的应对方法。

我们可以将职场中的应激源大致划分为急性和慢性这两种类型。

急性应激源，指那些突如其来、难以预料的状况。在职场环境中，急性应激源有可能表现为突然收到被降薪或者被裁员的通知，遭受骚扰，和同事、上级或者客户产生冲突，工作中出现重大失误，致使同事严重受伤甚至死亡，亲眼目睹同事的猝死，以及关系亲近的同事突然离世等情况。

慢性应激源，则是指那些长期持续存在的压力因素。比如说，现实状况与理想中的工作差距过大，工作时间要求过高，难以应对工作中的各种挑战，长期遭受职场霸凌，公司不断地进行裁员，工作与生活产生冲突，由于生活压力的增大进而导致工作压力上升，工作成果得不到他人的尊重或者重视等。

例如，某员工原本工作稳定，却突然被通知裁员，使他瞬间陷入焦虑和不安。这就是急性应激源产生的影响。而另一位员工长期处于高强度、高压力的工作状态，又不被上级认可。这种日积月累的压力便是慢性应激源带来的影响。

如果应激源影响的时间长、各种应激源叠加累积，或者两个应激源之间的间隔短，那么它带来的心理压力就会增大。倘若无法有效应对这种心理压力，结果可能不仅使人处于亚健康状态，还会进一步引发心理行为问题，甚至导致疾病。

俗话说："小洞不补，大洞吃苦。"如果能够提前做好预防，我们就能最大限度地降低身患疾病的风险。

第二节

# 心理危机的表现：情绪、认知、行为、身体

▼

　　要重视职场心理危机，是因为它对个人和工作都有影响，让情绪、行为、想法和身体都出现了变化。职场中常见的心理危机表现主要包括四个方面。

## 一、情绪表现

　　个体可能会出现极端的情绪反应，如焦虑、抑郁、愤怒或无助。以胡女士为例，在工作转型初期，当丈夫关心她的工作情况时，她感到烦躁，时常莫名发火。这就是焦虑和愤怒的表现。其实，焦虑、愤怒等情绪都很正常，但是如果出现极端的反应，那就要引起重视了。所谓极端，是指反应过了头，远远超过了外在刺激的强度，与外在刺激水平不匹配。例如，因为一张没有贴齐的发票而懊恼万分，因为领导的一句"这件事需要改进"而崩溃大哭，因为同事拒绝自己的请求就大发雷霆地摔东西或动手等。这样的情绪反应提示我们可能进入了一种过度敏感和警觉的状态。

## 二、认知改变

　　心理危机会导致个体对事件的认知发生变化，可能产生灾难性思维或过度担忧。例如，胡女士提到小李刚工作三年就猝死的事件，她总是担心自己也会猝死。在这样的情况下，一旦胡女士忙碌起来，可能就会想到小李猝死，就会想到自己身上"一定会发生不幸的事"；

胡女士拜访客户前在脑海里反复预演拜访客户的场景并因此失眠时，也一定会出现偏差的认知。例如："我要么只能疯狂加班学习，要么只能卷铺盖走人，没有任何其他空间。""如果客户对我冷脸相待，我会丢掉这份工作。我的人生也完了。""上次那个客户的脸色让我感觉自己是个很差劲的人。"这些偏差的认知未必都能被我们察觉，可一旦产生，就会引发情绪。负面的情绪可能又会带来更多的偏差认知，从而形成恶性循环，最终让我们消耗殆尽。

除认知的偏差外，长期处于危机中的人，注意力和近事记忆力都会下降。相信您在办公室中经常会听到有人说："啊，我脑子最近真不好使。5分钟前拿到的文件被我放哪里去了？"有的人会开玩笑说自己"老年痴呆"了，可是如果你才二三十岁，最近记性又突然变得很差，那就要考虑一下，是不是出现了心理危机。

## 三、行为改变

个体的行为可能会出现显著变化。胡女士工作转型时因睡不好，导致早晨起不来，上班很难快速出门、经常迟到。这就是行为改变的表现之一，与身体的疲惫和回避现实的需求有关。行为上的改变可能还会有回避社交。有的人原来很擅长与客户沟通，但是在遇到心理危机后可能非常抗拒沟通，甚至不愿意接电话；有的人变得不愿意和同事有来往，甚至吃午饭都宁可一个人去；还有的人会尽量避免与他人接触……

此外，遭遇心理危机的人可能会出现一些有害健康的、不再关爱自己的行为。比如，不再注重自己的外表和卫生，对烟、酒、咖啡的摄入大幅增加，完全不想吃东西或者暴饮暴食，甚至有人会做出伤害自己或者伤害他人的行为。通常来说，只要稍加留意，行为改变是比较容易被发现的，也是判断自己心理健康状态的有利线索。

## 四、身体表现

对于那些没有及时觉察情绪和表达情绪的人来说，他们往往身体表现为不舒服。这时不妨问问自己，最近有没有经常"不是这里疼，就是那里疼"，有没有经常口腔溃疡、严重脱发、拉肚子、皮肤发痒，或者有没有经常生病？除躯体疾病之外，心理危机也会带来身体的不适。这些不适不是什么大毛病，但是会让人感觉非常不舒服，而且，一般当心理危机度过的时候，这些身体表现都会明显得到改善。例如，小王总需要出差，这让他压力很大。有一次老板派他出差，他需要住在工厂里两周。结果工厂里又闷热又嘈杂，那两周小王都没有睡好，非常难受。等他出差回来生了一场病。之后，当老板再派他出差的时候，他在出差前就突然发热了，结果没去成。从那以后，一遇到有心理危机的情况，他就会发热。这不是他有意为之，而是在他没有意识到出差给他带来的压力时，身体用生病的方式告诉他"你感受到压力了"。

有人认为，对即将投入的职场越清楚，越能避免心理危机的发生。在一定程度上，这是有道理的。因为对职场的了解有利于我们提前做好应对。职场中的心理危机多种多样，大致可以分为适应性危机、发展性危机、关系性危机和创伤性危机。

第三节

# 适应性危机：工作与生活的剧变

在职场中，适应性危机是一种常见的心理现象，对于刚入职的新人或是处于职场转换期的员工来说更为明显。适应性危机是指当个人面对工作中的重大变化时感受到的困惑和压力。这些变化可能是突然的，而且具有破坏性，例如公司重组、新技术的引入或职位变动。个人无法迅速适应这些变化会导致压力骤增、紧张焦虑和工作业绩下降。

胡女士从行政助理转岗为项目运营管理，其初期体验到的就是适应性危机。新的岗位专业度要求更高，与客户要进行更直接的沟通，这些都不是她短时间内就可以得心应手的。她现在必须学会处理客户关系，在陡峭的学习之山上挣扎着攀爬。压力增加、失眠、焦虑和持续的无能感随之而来，她怀疑自己是否有能力胜任，总提不起劲来，感到特别沮丧。如果在这时她没有及时获得有效的帮助，那她的职业生涯可能就会受到影响，甚至有可能遭到解雇。不仅如此，她的不良心理状态若得不到及时调整，还可能引发更为严重的心理问题。

哪些因素可能会触发适应性危机呢？通常来说，适应性危机多由急性应激源触发。

（1）突然被裁员或失业。在毫无征兆的情况下被裁员、没有合理理由的被辞退或公司倒闭等，都会给人带来巨大的心理危机。这种危机在失去工作后会表现得越发凸显，因为它直接关乎到未来的收入，也就是生存所需的经济保障。

（2）工作环境剧变。比如，因公司搬迁导致通勤路程变长、突然被派到外地或者陌生的环境、公司重组等。尤其对环境敏感、适应较慢的人来说，工作环境剧变需要他们消耗很多精力重新构建安全感。

（3）重大职业失败或挫折。例如，搞砸了重要的项目、发生了重大的失误等，这些都会使个人认为自己的职业毫无意义和成就，进而自我价值感缺失。

我们要明白，适应性危机是每个人在职场中都可能会面临的挑战，但只要采取积极的应对措施，就能顺利度过这一阶段，重新找回自信和工作热情。适应新环境需要时间和耐心，给自己多一些"允许"，不要过于苛求自己。

第四节

# 发展性危机：克服成长的挑战

▼

发展性危机通常发生在个人职业生涯的关键阶段。发展性危机指个人在职业生涯中的不同阶段，因角色转变、责任增加或环境变化等自然发生的心理困扰和压力。与职场中的适应性危机不同，适应性危机通常由突发的、意外的事件引发，而发展性危机是伴随职业发展和人生阶段的变化而来，通常是可预期的、自然发生的。

在本章案例中，胡女十非常幸运，她有一位专业过硬且亲和的前辈，及时给予了她专业上的指导和鼓励。此外，她逐渐学会了如何在高压环境中寻找平衡，清楚工作与生活的界限，这让她在职业生涯的每一个重要节点都能成功应对新的挑战与危机，从而不断成长，获得了事业上的成就。这就是一个成功度过发展性危机的例子。可那些没有成功度过职业生涯中发展性危机的人会发生什么呢？他们很可能会职业发展停滞、产生挫败感和自我怀疑。例如，总是无法晋升、无法进入更核心的岗位工作、绩效无法提高导致工资无法增长等。除此之外，职业发展与个人成长、生活目标之间如果难以平衡，最终会导致生活幸福感被破坏。

那么，哪些因素会触发一个人的发展性危机呢？

（1）职业倦怠。职业倦怠意味着个人对工作丧失兴趣或动力，其原因可能是长期从事单调重复的工作，缺乏挑战与新鲜感；也可能是工作压力过大，难以找到平衡之法。

（2）职业角色停滞。可能由于长期没有得到晋升或发展的机遇，或者职业发展路径不清晰，工作职责与角色长期没有变化，职业成长受到限制。

（3）职业发展迷茫。对未来的职业发展方向感到迷茫、不确定，缺乏清晰明确的职业规划和发展目标。

（4）技能不足。缺乏达成职业目标所需的关键技能或经验，未能及时更新知识与技能。

（5）自我期望与现实不符。对职业发展期望过高，而实际情况未达预期；或者对自身的认知与实际职业能力存在偏差，未能找准合适的职业定位。

（6）无法在工作与生活等其他方面取得平衡。这依然与个人的职业发展目标相关，即我的职业目标是什么？我的生活目标是什么？面对两难的选择时，我该如何决策？

发展性危机是每个人的成长中几乎都会遇到的问题。通常来说，职场上的发展危机与自我定位、人生目标和技能相关。我们需要长期的职业规划和发展策略以应对发展性危机，同时尝试在工作和生活之间找到平衡点。

第五节

# 关系性危机：站"我"还是站"他"

▼

职场中的关系性危机是指员工在工作环境中因为人际关系问题而产生的冲突、压力或困境。这种危机可能影响员工的工作效率、心理健康以及团队的整体表现。以下是关系性危机的一些常见原因和表现。

（1）沟通不畅，主要指因为信息传递不及时或不准确导致的误解或冲突。从个人层面来讲，这可能是缺乏有效的沟通技巧；从公司角度而言，这可能是缺少有效的沟通机制。

（2）竞争与冲突。团队成员之间或者团队和团队之间的竞争过于激烈，令个体之间产生了矛盾和敌对情绪。此外，如果职位晋升和资源分配不公平也会引发员工的不满。

（3）文化差异。不同文化背景的员工之间存在着沟通和理解上的障碍，这种文化可能是不同国家之间的文化差异，也可能是不同民族、不同地区的差异。此外，当企业文化与个人价值观不一致时也会引起关系性危机。

（4）缺乏支持。同事或上级缺乏对员工的支持和理解、新员工未能得到有效的指导和帮助等。这种情况下，员工会感到孤立无援，尤其当其自身缺乏沟通技巧时，就更容易引起关系性的危机，对同事或上级缺乏信任，使工作氛围更加紧张。

关系性危机出现时，会导致团队成员之间缺乏合作精神，团队内部的沟通和协调困难，沟通效率低下，任务无法顺利完成，成员之间缺乏信任，工作氛围紧张。个体容易出现心理健康问题，情绪低落、心身疲惫，不仅影响工作积极性，而且还可能频繁更换工作，导致个人的经济压力变大。关系性危机也会影响公司的人才稳定性。

　　应对职场的关系性危机，我们需要采取积极主动的态度，通过有效的沟通、增强自我管理、寻求支持等方式来改善现状和解决问题。具体的人际关系应对技巧，我们可以翻阅前一章学习。

第六节

# 创伤性危机：如何能够正常工作

创伤性心理危机是指员工由于工作环境中的重大创伤事件引发了心理创伤，进而严重影响其心理健康和工作表现。正如胡女士描述的那样，在她从业的第三年，同事小李因为长期加班导致身体不堪重负，猝然离世。这件事给胡女士带来巨大的冲击。尽管去世的人是小李，但这让胡女士同样受到了强烈的打击。一方面，胡女士担心自己会因为加班而猝死，另一方面，小李跟她非常熟悉，这样一个熟人突然离世，让她一时间难以接受。因此，胡女士那段时间出现了一系列创伤反应，包括频繁地失眠、梦到小李时冒冷汗、焦虑，甚至想到小李就会心跳加快、头痛，经常感到疲乏，无法进入状态。

职场发生危机事件时，一般来说首先或直接遭遇危机威胁的人员是危机事件中最容易受到较强烈心理冲击的人；其次，员工家属、危机目睹者、救援者、危机处理小组，乃至社区民众，或者社会其他听到传闻的人，都可能受到不同程度的影响，从而产生急性应激反应。至于危机事件导致人员创伤后急性压力程度的大小，与危机刺激强度的大小、个人成长背景、人格特质以及危机发生后得到什么样的干预等因素息息相关。

危机中的急性应激反应为"非常状况下的正常反应"，因此经历危机事件，几乎每位员工都或多或少会产生暂时性的急性压力反应。急性压力症状常有以下三类：

（1）经验重现，如危机景象、声音、气味的重现，身临其境的噩梦、灵异现象等。

（2）退缩麻木，如失神发呆、感觉麻木、避而不谈、选择性遗忘等。

（3）神经紧绷，如坐立难安、注意力无法集中、烦躁易怒等。而且急性压力反应也会使员工在生理、情绪、想法与行为各方面产生短暂性的改变，常有的改变如没胃口、失眠、头痛、胸闷、想哭、失神、自责、空虚感、不想说话、停不下来、喝酒／抽烟等。

需要注意的是，有上述这些暂时性的急性压力反应大多不是病态或身心问题的症状，这些急性压力反应症状会在危机过后的1~4周内，随着时间推移逐渐得到缓解，乃至恢复正常。有些人可能会因经历了危机事件的冲击而引发一些思考，从而发生改变，但少数经历危机的人心理创伤未获修复，这些症状反而可能会慢性化，导致抑郁、焦虑或创伤后应激障碍等。

第七节

# 自我认同危机：职场中我是怎样的角色

▼

职场中的自我认同危机指的是员工对自己在工作环境中的身份和价值感到困惑或不安的状态。导致自我认同危机的因素包括：

（1）价值观与企业文化不匹配。个人的职业目标和价值观与当前公司或组织文化存在冲突，个人因此感到困惑和不安。

（2）工作角色不清晰或不稳定。工作角色的定义模糊不清，或者岗位经常发生变化，个人难以找到在团队中的确切位置和责任。

（3）缺乏认可和成就感。在工作中缺乏被认可和奖励，个人对自己的能力和贡献产生怀疑，从而影响自我认同感。

（4）外部压力和期望。外部社会或家庭的期望与个人内心的真实感受产生冲突。当一个人本来就对"我是谁"比较模糊的时候，他就难以在职场中找到真实的身份和角色。

个体在职场中缺乏自我认同时，就很容易被别人的评价牵动。例如，同样一件事，A说这样做，B说那样做，这个人就会迷失，不知道应当如何做。如果涉及个人评价，那么这个人就很容易对自己产生怀疑。久而久之，一个人的价值感也会丧失，甚至失去自己原本的能力，陷入无尽的自我怀疑中，不知道何去何从。然而，自我认同的危机并非仅仅出现在职场，实际上它贯穿一个人的一生。这是个人需要不断反思和探索的问题，也是值得我们花时间和精力去搞清楚的问题。

第八节
# 心理危机对企业管理的影响

　　妥善应对心理危机对于企业发展具有至关重要的意义。

　　首先，积极应对员工的心理危机能够营造和谐健康的工作氛围。当员工面临工作压力、职业转型困难等问题而产生心理困扰时，如果企业能够及时提供支持和帮助，让员工感受到关怀和理解，那么整个工作环境将充满正能量，员工之间的合作也会更加融洽，团队凝聚力得以增强。

　　其次，有效的心理危机干预可以减少人员流失。胡女士在转型初期面临巨大的压力，如果没有得到及时的调整，她很可能会选择离开公司。企业若能提前关注并解决员工的心理问题，便能留住人才，避免因人员频繁流动带来的培训成本增加和业务中断。

　　同时，完善的心理危机应对措施有助于塑造良好的企业形象。一个关爱员工心理健康的企业，在社会上往往会获得更高的声誉，吸引更多优秀人才的加入，提升企业的竞争力。再者，它还能促进企业内部的文化建设。通过共同面对和解决心理危机，企业能够形成一种相互支持、共同成长的文化，增强员工对企业的归属感和忠诚度。

　　最后，妥善处理心理危机能够减少问题严重时带来的企业损失。比如，员工因长期心理压力导致身体或精神出现严重问题，不仅会影响工作，还可能引发劳动纠纷，给企业的声誉和经营带来双重打击。

# 管理者预案：如何应对企业心理危机

"危机"包含危险和机会两个方面。做好心理危机管理，可能是企业转危为机的成长契机，以下是为企业管理者提供的一些心理危机的预防和应对思路。

（1）改善沟通。建立有效的沟通渠道，促进信息的及时传递和反馈。提供沟通培训，提升员工的沟通技巧和能力。

（2）公平竞争。制定公平透明的晋升和奖励机制，减少不公平现象。鼓励团队合作，减少过度竞争。营造支持性、包容性的工作氛围，促进员工之间的沟通和合作，减少职场压力和冲突。

（3）加强文化融合。组织企业文化交流活动，增进员工之间的理解和接纳。推动企业文化的多元化，尊重不同文化背景的员工。

（4）调整领导风格。倾听员工的意见和建议，增加管理的透明度。管理者以身作则，树立良好的工作榜样。

（5）提供支持。为员工提供必要的资源和支持，帮助他们解决工作中的困难。通过组织培训，提高员工的应对能力和抗压能力。让员工掌握更多的职业技能和相关知识，有助于他们更好地适应职场变化。对于企业来说，可以建立有效的心理支持系统，包括设立心理咨询室、聘请专业的心理咨询师、为员工提供必要的心理辅导等。

（6）鼓励员工自我关怀。企业应提供必要的资源，如心理健康讲座、健身设施等，鼓励员工关注自己的心理健康。

（7）给予灵活的工作安排。适当的工作安排，如弹性工作制、远程办公等，可以帮助员工更好地平衡工作和生活，减少适应性心理危机的发生。

第六章

# 心理危机应对篇

———◇♡◇———

第一节
# 职场心理危机的应对和处理——心理急救

▼

职场心理危机的类型多种多样，常与工作压力、职业倦怠、人际关系、职业发展、生活事件、文化适应、角色冲突以及技术变革等多个方面有关。能够早期识别这些危机并及时采取有效的干预和支持措施，不仅能帮助员工恢复心理平衡，还能提升团队的凝聚力和整体绩效。因此，理解和掌握心理急救的方法是每个职场领导者或管理者应具备的重要技能。此外，我们相信，这一技能不仅可以应用于职场，也可以帮助领导者个人成长。在本章节中，我们将参考"心理急救"的解决方案来探讨如何应对职场心理危机。

心理急救（Psychological First Aid，PFA）是一种即时干预技术，旨在帮助处于严重压力源下的人们迅速恢复平静和稳定。这种支持形式注重保护个体的尊严和人权，通过实际的帮助、情感上的支持和相关信息的提供，帮助个体应对突发的情绪困扰和心理危机。

如果将心理急救类比于生理急救，心理急救的处理是给"心灵"进行包扎，目的是在危机发生后提供及时、简便且有效的心理支持，帮助受助员工减轻心理困扰，防止进一步的心理损伤，恢复正常生活并促进长远的心理康复。

值得注意的是，心理急救是一种紧急情况下的临时支持手段，不同于专业的心理咨询或治疗。它的目标是在危机发生后迅速帮助个体稳定情绪，防止进一步的心理伤害。心理急救包括提供实际关怀，评估需求，帮助满足基本生活需求（如食物和水），以及提供信息和社会支持。它强调尊重和理解，耐心倾听和提供具体帮助，不要求对危机事件进行深入的讨论或分析，也不强迫受助员工分享他们的感受。它确保受助员工处于安全环境，避免进一步伤害，并帮助他们建立支持系统以恢复心理平衡。此外，心理急救不仅限于专业人员，职场中未经专业心理咨询训练的人员也能实施。它旨在减轻心理压力、促进情绪稳定，并提供实用支持，适用于职场中应对突发事件和冲突。

心理急救的核心原则包括如下几点：

● 即时性：心理急救是一种迅速反应的手段，需要在危机发生后立即为受助员工提供支持。

● 尊重：对受助员工的尊严、民族文化和个人经历等给予尊重，避免作出评判。

● 安全：确保受助员工处于安全的环境中，保护他们免受进一步的伤害。

● 倾听：耐心倾听受助员工诉说，提供非评判性的倾听，但不会强迫他们分享。

● 评估：评估受助员工的需求和关注点，以便提供适当的帮助。

● 支持：提供实际的关怀和支持，满足受助员工的基本需求，如食物、水和信息。

● 非侵入性：在提供帮助时保持非侵入性，尊重受助员工的隐私和选择。

● 安慰：通过言语和行为给予安慰，使受助员工感到平静和安心。

● 保护：采取措施保护受助员工的隐私和个人信息。

● 促进自助：鼓励和支持受助员工利用自身的资源和能力进行自我恢复。

● 连接资源：帮助受助员工寻找进一步的援助和专业服务，必要时转介给心理健康专业人员。

● 预防：通过提供心理急救预防可能出现的长期心理创伤，如创伤后应激障碍（PTSD）。

带着以上对心理急救的理解，如果在职场中发生了心理危机，我们应该如何应对呢？

**【心理案例5】**

小陈是一位资深数据师。他靠自己一路打拼，从农村闯出来，最后就业于大型互联网企业并工作了7年。小陈对自己要求十分严格，常常加班，因饮食不规律、过度劳累等，患有颈椎病、慢性消化性胃溃疡，最近还查出来甲状腺功能减退、视力下降等躯体疾病。

最近，因市场环境不佳，公司一些部门开始裁员。虽然小陈工作能力不错，也一直兢兢业业，但还是因为担心自己可能会被裁掉而极其焦虑，每当HR人员从其办公室前走过时都非常紧张。

由于一直处于这种紧张焦虑的情绪中，小陈的睡眠开始出现问题，有时辗转反侧难以入眠，甚至睁眼到天亮。他早上起不来，整天精神恍惚，精力大不如前，以前喜欢做的事情也了无兴趣，情绪低落，工作效率也大打折扣。

同事发现他的状况不太对劲后，劝他去寻求专业的帮助，但都被他拒绝。此外，他对给予建议的同事还心存不满，觉得他们认为自己有病而看不起自己，因此，人际关系也异常紧张。

这天，同事发现小陈站在窗前发呆了好久好久……

如果需要对案例中的小陈开展心理急救，我们可以按照"前中后"的操作步骤（见表6-1），快速采取相关措施。

表6-1 心理急救时间线及内容

| 时间线 | 心理急救的内容 |
|---|---|
| 心理急救前 | 了解5个W，准备清单 |
| 心理急救中 | 观察（识别、评估） |
| | 接触、倾听与沟通（建立关系、怎么听、怎么说） |
| | 联系与转介 |
| 心理急救后 | 梳理、复盘、跟踪、记录和报告 |

# 一、急救前

## （一）了解

"知己知彼，百战不殆。"在正式展开急救前，我们需要借助5个W的记忆方法来迅速梳理与明晰员工心理危机的背景信息，包括何人（Who）、何时（When）、何地（Where）、何事（What）、何因（Why）。

### 1. 何人（Who）

"何人"即明确谁需要接受心理急救，这是首先要思考的问题。比如：刚暴露于严重压力事件下而深感困扰的人群。需注意的是，并非每个遭遇危机事件的人都需要或愿意接受心理急救（即便表面看起来如此），所以，我们不应强行帮助那些不愿接受帮助的人，而应确保自己随时能为有需要的人提供服务。这在心理急救工作中务必留意，以免给对方带来不适。有时，心理急救的对象不仅仅是危机事件的当事人，还包含其身边的人。例如，职场中员工自杀事件发生后，需要帮助的不仅是实施自杀的当事人，还有受此事件影响的其他人，包括目击者、因此受到情绪影响的其他员工等。

有一些人尤其需要特别的帮助，如：

（1）受到严重身体伤害的人；

（2）受到严重心理伤害的人；

（3）因过分心烦意乱而无法照顾自己或孩子的人；

（4）有可能会伤害自己生命的人；

（5）有可能会伤害他人生命的人。

我们将上述人群统称为可能实施自伤、自残、他伤的人。对于有这种倾向的人，我们需要仔细观察、识别他们的情绪以及可能采取的行动。

### 2. 何时（When）

在心理危机发生后，员工可能会处于紧张和焦虑状态。在发现员工出现情绪失控、行为异常、认知障碍或生理反应等情况后管理者要尽快提供心理急救。及时的心理支持对于受助员工快速恢复心理平衡至关重要。值得注意的是，并不是所有的相关员工都需要立刻的心理急救。正如前文所说，不要强行帮助那些不愿意接受帮助的人，在为员工提供心理急救或心理援助时，也要尊重员工并且相信他们个人的自愈能力。

### 3. 何地（Where）

提供心理急救的地点应选择私密的空间，确保受助员工可以在一个不被打扰的地方自由表达真实的感受和困扰。私密性能够增加受助员工的安全感和信任感，使他们更愿意开放和交流。同时，必须确保心理急救的地点是安全的，避免可能会给受助员工带来物理伤害或进一步的心理压力，帮助其稳定情绪，减少焦虑和恐惧。选择安静和舒适的地方，远离喧闹和干扰，有助于受助员工集中注意力和放松。舒适的环境，包括舒适的座椅、适宜的温度和照明，可以提升受助员工的身心舒适度。

此外，确保心理急救的地点可以方便受助员工随时离开，避免他们感到被困住或不自在。让受助员工知道他们可以随时中断和离开，也可以增加他们的控制感和安全感。如果帮助的是存在潜在暴力风险的受助员工，急救人员自身的安全也需要被考虑在内。选择离安全出口最近的位置可以帮助救助者随时脱身。在实际的情境中，可以使用公司内的会议室或安静的办公室，既可避免外部干扰，又可以让员工安全地表达；如果公司有配备的心理咨询室，那就更好了，因为这些房间往往本身设计得就较为安全、私密和舒适。如果没有会议室或咨询室，也可以选择一个相对安静和私密的休息室或办公室角落。如需要紧急干预，可以在公司的大堂、休息区的角落，尽量减少外界的打扰。

### 4. 何事与何因（What and Why）

在职场心理危机干预中，了解危机事件本身以及引发危机的原因是至关重要的。因为这些信息不仅有助于制定有效的干预策略、提供精准的支持，还可以建立信任关系、评估和管理安全风险。

首先，了解具体发生了什么可以帮助干预者评估事件的严重性和影响范围，识别出受影响的人员及其需要的具体帮助。例如，在一场职场攻击性事件中，受助员工可能需要紧急的心理支持和安全保障；而像案例中的小陈，因为工作压力过大导致的心理危机，干预的重点则可能在减轻工作负担和提供心理辅导上。

其次，了解事件发生的原因有助于采取有针对性的干预措施。不同的原因导致的心理危机会有不同的解决方法。如果危机源自管理层的决策失误，可能需要调整管理方式和改善沟通机制；如果原因是个人的工作负荷过大，可能需要重新分配任务或增加休息时间。了解原因还可以防止类似事件再次发生，通过解决根本问题来预防未来心理危机的发生。

此外，了解事件的具体经过和原因能够帮助干预者和受助员工建立信任关系。受助员工往往希望自己所经历的事情被理解和被重视。当干预人员展示出对事件的兴趣，并理解受助员工的感受和困扰时，有助于建立彼此的信任关系，使受助员工更愿意接受帮助和支持。

最后，干预者全面了解事件有助于评估安全风险并制定保护措施。在危机干预过程中，确保受助员工和干预者的安全是首要任务。了解事件详情和原因可以识别潜在的安全隐患，并采取相应的预防措施，以确保所有相关人员的安全。

## （二）准备清单

"兵马未动，粮草先行。"在职场心理危机干预或心理急救中，准备工作（见表6-2）主要包括：物资准备，如纸、笔、水、食物和

表6-2　准备清单

| 准备工作 | 具体内容 |
| --- | --- |
| 物资准备 | 纸和笔：记录重要信息或提供给受助员工写下其感受和需求<br>水和食物：给受助员工提供必要的饮食补充能量<br>纸巾：擦拭眼泪或清洁面部<br>其他物品：如医疗急救用品、安全用具、转介信息和联系清单、心理健康宣传材料等 |
| 安全准备 | 进行风险评估：评估可能出现的安全风险，制定保护措施，确保干预过程中受助员工和干预者的安全 |
| 心理准备 | 保持冷静和镇定，面对紧急情况时有应对能力<br>培养同理心和练习倾听技巧，理解受助员工的感受和需求，并提供有效的支持和安慰 |
| 目标准备 | 明确干预目标和预期的效果，有针对性地行动，帮助受助员工尽快恢复心理平衡 |
| 其他 | 穿着得体，使用适当的语言，确保干预者与受助员工的沟通顺畅 |

纸巾等；安全准备和保护措施，包括进行风险评估和考虑应对可能发生的攻击性事件的方案；心理准备，包括有一定的受训背景或者急救经验的干预人员，保持冷静和"同理心"；目标准备，包括明确的目标、有针对性的行动等，可以帮助受助员工尽快恢复心理平衡，同时也可以让急救者的工作更有方向。

最后，还要充分考虑安全、尊重、权利、文化和宗教等因素，保持着装得体、使用适当的语言和遵守明确的权限也有助于开展心理急救工作。

## 二、急救中

干预者掌握了心理急救的概念，并且清楚心理急救前的"了解"和"准备"工作后，将正式进入到心理急救阶段。

### （一）观察，包括识别和评估

我们需要很仔细地观察。观察的内容涉及很多方面，不仅包括观察人的言行举止、外貌特征、生理变化、心理变化、情绪变化等，还可以从语气、语调、衣着打扮、身体姿态、目光、面部表情等角度观察。至于观察的对象，既有处于危机中的人，也有我们自己以及环境。其中需要注意的是：是否得到了当事人的信任。建立关系是最重要的，如果没有办法与对方建立信任的关系，那后面的工作也很难开展。同时，我们要募集各方资源和力量去确保危机当事人的生命、财产的安全，确保谈话的安全距离，确保其个人信息不外泄。如果事件中涉及未成年人、老年人、残疾人、孕妇或哺乳期妇女、精神障碍患者等重点人群则需要特别关注。

在观察的基础上，我们需要整理受助员工目前的状况，并从生理、情绪及行为、认知等方面进行快速评估。在疾病篇我们将会对常见疾病的症状进行解释。以小陈的故事为例，在生理方面，可以观察了解他有无颤抖、头痛、非常疲倦、食欲改变、疼痛、失眠等表现；在情绪和行为症状方面，可以观察了解他有无恐惧、焦虑、哭泣、哀伤、兴奋、易怒、提心吊胆的情绪和紧张不安的表现；在认知方面，可以观察了解他是否有内疚、羞愧、自责、厌世，是否有自杀想法等。以上情况都需要干预者用眼睛去看，用耳朵去倾听，用语言去询问，用心去感受、感知。

除以上常见的表现外，在实际的情景中，可能还包含了僵硬、退缩、失去方向感、不知道自己的姓名、不知道自己来自哪里或发生了什么、一言不发、感觉麻木、不真实感、发呆，等等。这些情况可能并不常见，但正因如此，这样的现象往往容易被忽视，所以需要特别关注。

## （二）建立关系，倾听、沟通

好的关系是成功的一半。受助员工对你的信任程度，直接关乎后期工作的开展顺利与否。以尊重的态度去接触处于心理危机中的员工，真诚、平等地向他们进行自我介绍，例如我是谁、我来自哪里、谁派我来的、我来干什么等。除语言外，肢体语言也可以传达重要的信息。例如，必要时可以采取一些让受助员工感到舒适的行为（递上提前准备好的茶水、毛毯、抱枕等），根据对方的年龄、性别和文化背景靠近对方但保持合适的距离，寻找安静、安全的地方进行交谈……这些都会让对方感觉安全和舒适，也让对方愿意打开心门进行交流。承诺保密和保护隐私，对建立安全的关系也十分重要。值得注意的是，在承诺保密的时候，也要考虑告知"保密例外"的情况，例如危害自身或他人的人身安全，法律不允许的事情等。

倾听、沟通有一定的技巧性，在心理危机的应对中扮演着重要的角色。对受助员工表现出专注、耐心，进行必要的眼神交流和接触、不打断、不评价、不带偏见、允许沉默的存在，这样的聆听有助于员工表达他们的感受，讲述他们的经历。同时，在沟通中采取封闭式提问和开放式提问结合的方式，可以收集到更多的信息。在沟通中掌握共情的技巧，设身处地理解对方的感受，提供人文的关怀，有助心理危机的应对。

此外，掌握必要的情绪平复技术，可以帮助人们快速回到一个良好的状态，例如呼吸放松技术、肌肉放松练习，正念冥想练习、情绪着陆技术、安全岛技术等。

### （三）联系和转介

通过有效的联系和转介，员工可以获得进一步的支持和资源，以帮助他们渡过难关，重建生活。对于心理急救工作者来说，这不仅是一份责任，也是一份对受助员工的关怀。

心理急救工作者在进行联系和转介时，首先需要深入了解受助员工的需求和期待。在建立关系、观察和评估、倾听沟通等过程中了解受助员工的心声，干预者可以更准确地掌握处于危机中的个体当前的心理状态和实际需求。这一过程中，尊重受助员工的选择和意愿是至关重要的。干预者应该提供信息和建议，但别忘记，最终的决定权应该留给受助员工本人（未成年人除外）。在确认受助员工的基本需求后，干预者需要帮助他们联系到相应的服务和资源。这些服务和资源包括紧急医疗服务、心理咨询、社会支持网络等。在这一过程中，干预者应确保提供的信息是准确可靠的，避免给受助员工带来额外的困惑或负担，在推荐专业医疗机构时选择正规的医疗机构。对于那些表现出严重困扰的个体，或者明显需要紧急医疗服务的人，及时转介至专业服务机构（如专科医院）是非常必要的。

在进行转介时，干预者还需要考虑到不同群体的特殊需求。例如，残疾人、孕妇等群体可能需要额外的关注和支持，为他们提供特殊的资源和服务以确保他们得到更好的照顾。

此外，干预者在转介后应继续跟进受助员工的情况，有助于评估服务的有效性和及时性。通过定期的跟进，干预者可以确保受助员工得到所需的帮助，并在必要时提供进一步的支持，便于了解受助员工的状况以及更加合理地安排后续的工作。

在上海市，心理急救工作者可以利用多种专业资源，如上海市心理热线（021-962525）、"精神卫生飘扬的绿丝带"公众号等。这些资源为受助员工提供了一个广泛的支持网络，帮助他们在危机中找到依靠和力量。2025年5月1日之后，12356全国统一心理援助热线推动全国统一使用，为公众提供更加便利的精神卫生服务。

## 三、急救后

梳理、复盘、跟踪、记录和报告，这个环节是确保受助员工得到持续关怀和支持的关键。这一环节的工作不是简单的任务清单，而是一个深入、细致的过程，涉及对受助员工在危机中经历的全面回顾和对其未来需求的深思熟虑。

首先，记录和分析员工在危机中的表现和需求。这不仅仅是对事件的简单回顾，更是对员工心理状态和需求满足情况的深入理解。这一过程对干预者观察力和同理心有一定的要求。

其次，复盘是一个反思和学习的过程。它要求干预者评估自己在危机处理中的响应速度、处理的准确性以及团队协作的效率。这一环节不是为了评价谁对谁错，而是为了从经验中学习，提高干预人员未来处理类似情况的能力。例如，相关的心理危机应急预案是否完备，是否有需要完善的部分等。

再次，跟踪是急救后环节中最为关键的部分。干预人员持续关注受助员工的情绪和生活状态，确保他们在危机发生之后能够一直得到必要的支持。这可能意味着干预者要定期与受助员工联系，了解他们的恢复情况，或者在必要时帮助他们联系更专业的服务机构。

最后，完善心理支持系统则涉及建立更广泛的社会资源和支持网络。从个体层面的深入了解，到微观环境的改善，再到外在系统的利用和宏观系统的融入，每一个层面都对受助员工的恢复和福祉至关重要。这要求干预者不仅要关注受助员工个人的需求，还要考虑他们所处的社会环境和文化背景。在这个过程中，应对目标是协助受助员工一起建立起一个稳固的社会支持网络，为他们提供持续的关怀和支持，帮助他们在危机之后重建生活。这不仅仅是对受助员工的心理危机应对，更是对他们的尊重。

Tips
# 职场危机应对策略
▼

在充满变化的工作和生活中，危机应对能力对每个人而言都是不可缺少的。无论是管理者还是"打工人"，作为职场人都需要做好危机应对的准备，学习一些职场中危机应对策略。

## （一）提升技巧，解决现实问题

我们可以问题为导向，着力于提高解决现实问题的能力。例如，提升工作技能，合理规划工作和生活时间，避免过度疲劳等。

## （二）发展应对机制

识别并发展有效的健康应对机制，如正念练习、写日记、与可信赖的朋友或咨询师交谈等。通过正念练习，如冥想和深呼吸，可以帮助自己放松身心，集中注意力。写日记可以帮助我们记录自己的情绪和想法，整理思绪，找到解决问题的方法。朋友或咨询师可以提供情感支持，获得建设性的反馈或建议。通过发展健康的应对机制，我们能更好地应对压力和挑战，保持心理平衡。

## （三）保持联系

保持与同事、朋友和家人的紧密联系。社交支持对于我们管理压力和应对心理危机至关重要。可以定期与同事交流，建立良好的工作关系，增加团队合作的默契。我们可以与朋友和家人保持联系，分享生活中的喜悦和困扰，可以获得情感上的支持和安慰；通过参加社交活动和社区活动，能够拓展自己的社交圈子，增加社交互动的机会，获得更多的支持和帮助。

## （四）寻求专业帮助

如果遭遇心理危机，不要犹豫，及时寻求专业的帮助。治疗师和咨询师可以提供宝贵的支持和指导。我们可以预约心理咨询或治疗，获得专业的心理健康支持，通过与专业人士的合作，找到更有效的应对方法，逐步改善自己的心理健康状况。

## （五）培养韧性

通过将挑战视为成长的机会来培养韧性。提高韧性有助于我们保持积极的心态，更好地应对未来的危机。我们可以通过设定具有挑战性但可实现的目标，逐步提高自己的能力和信心。从失败中吸取教训，将挫折视为成长的机会。通过培养积极的心态和应对策略，更好地应对工作中的压力和挑战，保持心理健康。

## 第二节
# 攻击性事件的预防和处理

▼

## 【心理案例6】

　　阳光透过半掩的窗帘斑驳地洒在繁忙的办公室里，如此美好却无法驱散小凯心中的阴霾。今天，又是一个加班的傍晚。小凯坐在电脑前，眉头紧锁，正与产品经理小奇就项目进度的细节进行着激烈的讨论。

　　"小凯，这个功能怎么还没实现？客户可等不了！"小奇的声音急促，手中的笔在笔记本上用力敲打着，仿佛每一声都是对小凯能力的质疑。

　　小凯深吸一口气，试图平复内心的波澜，但因为频繁地加班他失恋了，与此同时，工作的压力也让他喘不过气来。"小奇，我已经连续加班两周了，每天都在赶进度，但问题不仅仅在于我，资源分配和沟通不畅也是重要原因。"他的声音虽尽力保持平静，却难掩疲惫与无奈。

　　然而，小奇的回应却像一把锋利的刀直接刺向小凯的软肋："别找借口，我只看结果。如果完不成，你就得负责！"

　　这句话如同一根导火索，瞬间点燃了小凯心中积压已久的怒火与绝望。他猛地站起身，双眼通红，双拳紧握，所有的委屈、不甘和无力感在这一刻汇聚。他猛地抓起桌上的陶瓷杯，狠狠地向小奇脚下砸去。"砰"的一声巨响，杯子四分五裂，碎片飞溅，仿佛也映照出小凯内心的支离破碎。小奇"啊！"的一声跳开。办公室瞬间安静下来，所有人的目光都聚焦在小凯身上，空气仿佛凝固。小凯喘着粗气，胸膛剧烈起伏，眼神中既有愤怒也有迷茫。他意识到自己的失控，但很快又被一股深深的自责和懊恼所淹没。

不久，HR经理匆匆赶来。她安排同事去安抚小奇，然后轻轻拍了拍小凯的肩，示意他到一个安静的会议室谈话。在柔和的灯光下，听着HR经理对自己的关心与担忧，小凯终于卸下了防备，泪水在眼眶里打转，他哽咽着说："我不该那样做。最近我状态真的很差，感情受挫，工作也力不从心。我感觉自己快撑不住了……"HR经理静静地听着，眼神中充满了理解与同情。她温柔地安抚道："小凯，你不是一个人在战斗。公司理解你的压力，也愿意给你支持。我们先处理眼前的事情，然后一起找专业的心理咨询师聊聊，好吗？"那一刻，小凯仿佛看到了一丝光亮穿透了长久以来的黑暗。他点了点头，他要为自己，也为那些关心他的人，重新找回生活的色彩。

在小凯的故事中，我们能够直观地感受到心理危机所带来的强大冲击。它不仅对个人的身心健康造成严重的影响，也会给整个工作环境带来诸多负面效应。但我们也能从中获取宝贵的经验，学习如何运用科学合理且周全的心理危机应对策略，妥善且有效地处理这类复杂棘手的情况。接下来，让我们对小凯的案例进行深度剖析，并全面细致地展开心理危机应对策略的探讨。

## 一、急救前

准备工作在整个心理危机应对过程中具有极其关键的作用。它要求我们对即将发生的心理危机状况进行深入透彻的分析和全面细致的准备。

### （一）了解背景信息（5W）

（1）Who（何人）：小凯作为一名奋战在项目开发一线的程序员，直接参与项目的核心工作，面临着来自产品经理小奇不断施加的压力。这意味着他不仅要应对高强度的工作任务，还要处理与上级之间的复杂关系。

（2）When（何时）：处于频繁加班的紧张时期，尤其是当项目截止日期日益临近，各方的期待和要求不断累积，压力如同滚雪球般迅速膨胀，最终达到小凯难以承受的峰值。这个时间段对于小凯来说，是身心极度疲惫和心理防线最为脆弱的时刻。

（3）Where（何地）：工作场所是办公室。这是一个半开放式的空间，意味着小凯的一举一动更容易被周围的同事所关注，这在一定程度上可能会增加他的心理负担，使他在表达情绪和寻求帮助时有所顾虑。

（4）What（何事）：项目进度出现明显的延误，关键功能的实现遭遇重重阻碍，这些工作上的困境直接导致了小凯与产品经理小奇之间的激烈冲突。工作的不顺成了小凯心理危机的直接导火索。

（5）Why（何因）：工作本身带来的巨大压力、资源分配的显著不均、沟通渠道的严重不畅，再加上个人感情生活中的困扰相互交织、彼此影响，共同作用于小凯的心理，使其承受能力被严重削弱，最终濒临崩溃的边缘。

## （二）准备措施

（1）物资准备：必须要确保办公室内常备纸、笔、水、食物、纸巾等基础物资。纸张和笔可供小凯在需要时记录自己的想法和感受；水和食物能够及时为他补充身体所需的能量和水分，避免因饥饿或口渴而加重烦躁情绪；纸巾则可以在他情绪激动时用于擦拭眼泪或汗水。

（2）安全准备：开展全面的风险评估工作至关重要。这包括对小凯当前的情绪状态、可能采取的极端行为以及周围环境中存在的潜在危险因素进行细致分析。通过这样的评估，能够提前制定相应的安全预案，确保在心理危机爆发时，能够迅速采取有效的措施保障小凯及其他职工的人身安全。

（3）心理准备：对于可能发生的心理危机，相关人员要有充分的预见和心理预期。提前做好心理建设，使自己在面对危机时能够保持冷静和理智，迅速做出恰当的反应，避免因惊慌失措而错失最佳的干预时机。

（4）目标准备：清晰明确的心理危机干预的具体目标是至关重要的。例如，首要目标是舒缓小凯的激动情绪，让他尽快恢复平静；其次是防止冲突和情绪进一步升级，避免对其他职工产生不良影响；最后是为小凯提供专业且有效的支持，帮助他找到解决问题的方法和途径。

（5）服务与支持：全面深入地了解公司内部和外部能够提供的心理咨询服务资源，以及在紧急状况下的快速联络方式。这能够确保在需要时，能够迅速调动相关资源为小凯提供及时有效的帮助。

（6）文化和宗教考量：充分尊重和考虑小凯的文化背景和宗教信仰是必不可少的。不同的文化和宗教对于情绪表达、问题处理方式以及心理支持的需求可能存在差异。确保干预手段与小凯的个人信念和价值观相契合，能够增强他对干预措施的接受度和信任度。

（7）着装和语言：精心选择合适得体的着装，展现出专业和亲和力；同时运用敏感度较低、中性平和且易于理解的语言进行交流。这样能够最大限度减少因着装不当或语言表达不当而可能产生的误解、抵触或冲突。

（8）权限了解：清晰准确地界定HR和管理人员在心理危机干预中的具体权限与责任范围，避免出现职责不清、越权干预或推诿责任的情况。每个相关人员都应明确自己的角色和能做与不能做的事项，确保干预工作有序和规范进行。

（9）能做与不能做：明确在心理危机干预过程中可以施行的合

理行动以及应当坚决规避的不当行为，严格遵循专业和道德的准则与边界。例如，要给予小凯充分的倾听和尊重，避免强行灌输观点或进行指责批评；要提供建设性的建议和帮助，而不是简单的命令或强制要求。

通过详尽全面的了解和周全充分的准备，公司在心理危机骤然降临之际，才能够迅速且有效地采取应对举措，为小凯提供及时、必要且恰到好处的支持与帮助。这种具有前瞻性和科学性的准备，不但有助于显著减轻心理危机所带来的负面效应，更能够鲜明地彰显公司对于员工心理健康的高度重视和深切关怀。

在小凯的案例中，急救前的准备阶段不仅要对背景信息进行深挖细究、全面掌握，还需要熟练掌握一系列的技巧和方法，以便在危机出现时能够迅速且高效地进行干预，达到事半功倍的效果。

## 二、急救中

在心理危机干预的过程中，急救中的各项措施是帮助员工稳定情绪、避免危机进一步恶化的关键。以下将从观察和评估、接触技巧、对话技巧、共情以及情绪平复技术等方面展开详细阐述，并结合小凯的案例进行分析。

### （一）观察和评估

在心理危机干预的起始阶段，观察是至关重要的第一步。其目的在于精准、细致且全面地识别小凯的行为表现、情绪状态和生理反应，以及他所处的周边环境状况。这有助于我们深入了解小凯当前的心理状态和可能存在的潜在风险，为后续的干预措施提供有力的依据和方向。

（1）行为观察：密切且敏锐地留意小凯是否存在与平常显著不

同的异常举动。比如，突然从原本的积极参与讨论转变为长时间的沉默不语，或者从冷静状态瞬间变得异常激动，甚至出现具有攻击性的言语或动作。这些行为的变化往往是其内心情绪波动的外在表现。

（2）情绪识别：运用专业的知识和敏锐的洞察力，细致入微地评估小凯的情绪状况。判断他是否呈现出明显的焦虑情绪，如频繁地踱步、不安的表情；是否处于极度的沮丧之中，表现出垂头丧气、对工作失去兴趣；或者是否被愤怒所笼罩，面部表情愤怒、声音高亢等。

（3）生理反应：认真细致地观察小凯是否有诸如过度出汗、身体不由自主地颤抖、呼吸急促或者心跳加速等生理上的紧张迹象。这些生理反应通常是心理压力过大的直观体现，能够为我们判断其心理状态提供重要的线索。

（4）环境评估：审慎且全面地考虑小凯所处的环境是否安全、舒适，是否存在可能导致其情绪反应进一步加剧的因素。例如，周围是否有过多的人员围观造成压力，工作场所的布置是否过于压抑，或者当前的工作任务和截止日期是否形成了持续的紧迫感等。

## （二）接触技巧

与正处于心理危机中的小凯进行接触时，干预者需要格外谨慎，同时充分展现出尊重和关怀，在接触过程中需要特别留意一些关键技巧。

（1）自我介绍：清晰、简洁且诚恳地向小凯说明自己的身份、来意以及你能够为他提供的具体帮助，让他明白你的出现是为了支持他、帮助他解决问题，而非对他进行指责或评判。

（2）肢体语言：采用开放、友善且无威胁性的肢体语言，保持温和而坚定的眼神交流，向他传递出你愿意倾听和理解的态度，避免交叉双臂或做出其他可能让人感到拒绝或防御的动作，营造出一个宽松、接纳的氛围。

（3）环境选择：尽可能在安静、私密且相对舒适的环境中与小凯展开交流。这样的环境能够最大程度降低外界的干扰和他人的关注，让他能够更加放松地表达自己的内心感受，减少因环境因素而产生的心理负担。

## （三）对话技巧

与小凯进行交流时，应当巧妙地采用开放式问题和封闭式问题相结合的方式，引导他充分表达内心的想法和感受，同时获取关键的信息。

（1）开放式问题：积极鼓励小凯分享他的个人感受和经历，通过诸如"最近这段时间，你的工作和生活感受如何？""能否和我多说一说你在面对这些问题时的内心想法？"这样的问题，为他创造一个宽松自由的表达空间，让他能够畅所欲言，将积压在心中的情绪和想法释放出来。

（2）封闭式问题：适时运用封闭式问题获取具体、明确的信息或者确认对某些关键问题的理解。比如，"你是不是已经连续加班两周且没有休息了？""你提到了资源分配的问题，这是不是你感到压力巨大的一个核心原因？"通过这类问题，可以迅速聚焦关键要点，提高沟通的效率和针对性。

## （四）共情

共情在建立信任、促进理解和有效沟通方面起着举足轻重的作用，是心理危机干预（成功）的关键要素之一。

（1）倾听：全身心地投入，专注且认真地倾听小凯的每一句话、每一个表述。在他讲述的过程中，保持耐心，不随意打断他的思路和表达，让他感受到被尊重和重视。

（2）情感共鸣：真诚且深切地表达你对他所经历的困难和所感受到的情绪的理解与认同。例如，"听起来最近这段日子你过得着实艰难，我完全能够明白你为何会产生这样的感受"。这样的表述，让他知道他不是孤单的，有人能够真正体会他的痛苦和困惑。

（3）避免评判：在整个过程中，坚决避免对小凯的感受、想法或行为进行主观的评判和指责。无论他所表达的内容与你的价值观或观点存在多大的差异，都要保持开放和接纳的态度，尊重他的独特体验和选择。

## （五）情绪平复技术

当小凯情绪激动、难以自制时，运用科学有效的情绪平复技术协助他迅速冷静下来，恢复理智和思考能力。

（1）深呼吸：耐心引导小凯进行有节奏、深度的呼吸练习。通过慢慢地吸气，然后缓缓地呼气，帮助他放松身体的肌肉，缓解紧张的神经，逐渐降低情绪的强度。

（2）安心话语：使用温和、平静且令人安心的话语，为他营造一个安全、稳定的心理氛围。例如，"这里很安全，咱们可以慢慢交流，没有什么问题是解决不了的"。让他在情绪的风暴中找到一处宁静的港湾。

（3）情绪命名：协助小凯准确地识别并为他当前的情绪状态命名，如"愤怒""焦虑""沮丧"等。这有助于他更好地理解和认识自己的情绪，从而增强对情绪的掌控能力和管理能力。

## 三、急救后

在情绪失控这一突发事件过后，急救后的梳理、复盘与跟踪工作显得尤为关键和重要。HR经理与小凯携手共同回顾了整个事件的详细经过，深入挖掘并成功识别出导致情绪失控的关键触发因素，比如，长期累积的工作压力、始终存在障碍的沟通渠道以及个人感情生活中的种种困扰。这一深入的回顾和分析过程，不但帮助小凯更加清晰、全面地认识到自身存在的问题和不足，也为公司在改进管理方式和优化工作环境方面提供了极具价值的线索和方向。

在复盘阶段，公司管理层需要对整个事件的处理流程和应对措施进行全面、客观且深入的评估。这包括对响应速度的及时性、采取措施的有效性以及团队成员之间协作配合的情况等多个方面进行细致地分析和总结。通过这一严谨的评估过程，公司能够精准地发现自身在应对心理危机时存在的疏漏和不足之处，并据此制定出针对性强、切实可行的改进措施和优化方案，不断提升公司在处理类似问题时的能力和水平。

在跟踪阶段，HR经理持续关注小凯的情绪状态和工作表现，通过定期的沟通交流、工作评估以及心理状态的监测，确保他在经历了这一危机事件后，能够获得持续且必要的心理支持和专业的咨询服务。这种持之以恒的关注和支持，对于小凯逐步恢复正常的工作状态和生活节奏具有至关重要的推动作用，同时也充分彰显了公司对员工心理健康的高度重视和坚定承诺。

## 四、完善心理支持系统

在致力于完善心理支持系统的进程中，公司需要从个体、微观环境、外在系统和宏观系统等多个层面进行综合考量、统筹规划和协同推进。

在个体层面，公司为小凯量身定制并提供了个性化、针对性的心理支持服务，其中涵盖了一对一的专业心理咨询。心理咨询师能够深入了解小凯的内心世界，帮助他剖析情绪问题的根源，并给予专业的指导和建议。此外，实用有效的情绪管理工作坊也发挥了重要作用。通过一系列精心设计的课程和活动，小凯得以系统地学习情绪调节的技巧和方法，增强对自身情绪的认知和掌控能力。这些服务有助于小凯深刻洞察和认识自己的情绪模式和行为习惯，从而提升在面对压力和挑战时的心理韧性和适应能力。

在微观环境方面，公司积极主动地对小凯的工作环境进行了有针对性地优化和改进。合理调整工作量和工作时间的分配，避免过度的任务堆积和不合理的加班安排，保障小凯有足够的休息和恢复时间。同时，公司大力加强团队内部的建设工作，通过组织各类团队活动、培训课程和沟通交流机制，显著提高了团队成员之间的沟通效率和协作水平。比如，定期开展团队拓展训练，增进成员之间的信任和默契；举办工作经验分享会，促进知识和经验的交流与传承。营造了一个积极向上、团结互助的工作氛围，让小凯在团队中感受到支持和归属感。

从外在系统来看，公司善于借助外部的专业资源和力量。与专业心理咨询机构建立合作关系，为小凯搭建了与专家直接沟通的桥梁，确保他能够获得高质量、专业化的心理咨询服务。这些外部服务不仅为小凯在解决个人心理问题的道路上提供了强大的助力和支持，同时也为公司在处理类似情况时积累了丰富的经验和宝贵的参考案例。例如，邀请外部专家为公司员工开展心理健康讲座，普及心理健康知识和应对技巧。

在宏观系统层面，公司在企业文化建设的领域进一步强化了对心理健康的重视程度和宣传推广力度。通过组织开展一系列内部培训课程、主题讲座和宣传活动，广泛普及心理健康知识，有效提升了全体员工对心理健康重要性的认知水平和关注程度，比如，在公司内部宣传栏定期发布心理健康小贴士，利用公司内部通讯工具推送心理健康相关的文章和资讯。公司还成功营造了一个充满支持、鼓励和关爱的组织氛围，积极倡导员工关注自身的心理健康状况，并为有需要的员工提供及时、必要的支持和帮助，比如，设立员工心理健康奖励制度，表彰在维护心理健康方面表现出色的团队和个人等。

Tips

# 管理者预案：
# 突发攻击性事件的危机处理预案及流程

▼

在企业中，员工突发攻击性危机的情况时有发生。作为企业管理者，肩负着保障员工心理健康和维护企业稳定的重要责任，提前知晓并做好应对此类危机的准备至关重要。

## （一）处理预案

管理者应明确自身责任，通过提前了解员工背景信息、评估风险、准备物资等措施，为可能出现的危机做好充分准备。在危机发生时，要冷静、专业地采取有效措施进行干预；危机过后，要及时复盘、持续关注员工状态，并完善心理支持系统。

关于突发攻击性危机处理的具体预案见表6-3，以急救前、急救中、急救后为阶段，包括详细的干预要点、案例分析、注意事项和资源支持。

表6-3　突发攻击性危机处理的具体预案

| 阶段 | 干预要点 | 案例分析 | 注意事项 | 资源支持 |
|---|---|---|---|---|
| 急救前 | 了解背景信息（5W）：何人、何时、何地、何事、何因 | 小凯：程序员，频繁加班项目截止期近，半开放式办公室与经理冲突 | 对可能发生的危机有充分预期，全面细致准备，尊重员工个人背景和信仰，明确权限和行为边界 | 内部和外部心理咨询服务、紧急联系方式、家属和朋友的支持、社会组织的援助、相关政策信息、员工自助手册 |
| | 准备措施：物资准备、安全准备、心理准备、目标准备、服务与支持、文化和宗教考量、着装和语言、权限了解、能做与不能做 | 准备：办公室物资、安全评估、心理建设、明确目标、考虑背景、着装、语言、权限和行为边界 | | |

续表6-3

| 阶段 | 干预要点 | 案例分析 | 注意事项 | 资源支持 |
|---|---|---|---|---|
| 急救中 | 观察和评估：行为观察、情绪识别、生理反应、环境评估<br><br>接触技巧：自我介绍、肢体语言、环境选择<br><br>对话技巧：开放式问题和封闭式问题相结合<br><br>共情：倾听、情感共鸣、避免评判<br><br>情绪平复技术：深呼吸、安心话语、情绪命名 | 观察小凯行为、情绪、生理和环境<br><br>在安静私密的接触环境，自我介绍和恰当的肢体语言<br><br>以合适的对话引导小凯表达；倾听共情，平复情绪 | 谨慎接触，选择合适环境，提问方式得当，全神贯注倾听，表达理解，避免评判，运用有效技术平复情绪 | 内部和外部心理咨询服务、在线心理支持平台、家属和朋友的沟通渠道 |
| 急救后 | 梳理、复盘与跟踪：与员工回顾事件，评估处理过程，持续关注员工状态 | 与小凯回顾冲突，分析失控原因，评估处理情况，持续关注其状态 | 深入分析触发因素，总结经验，改进措施，提供持续支持 | 内部和外部心理咨询服务、心理支持培训课程、医疗机构的合作、员工互助小组、家属和朋友的持续关怀 |

## （二）处理流程

### 1. 报告流程

（1）一旦发现员工出现攻击性危机，相关人员应立即向上级主管报告。报告建议遵循从直属上级逐步向上的原则，不得越级或跨部门报告。

（2）主管在接到报告后的15分钟内，根据事件的严重和风险程度及时向更高层级的领导汇报，并通知相关部门（如人力资源、安全保卫等）。

（3）报告内容应包括事件的基本情况（如事件发生的时间、地点、经过）、涉及人员（包括攻击者和受影响者）、发生地点的详细位置、当前状况（如是否有人受伤、现场秩序如何）等详细信息。

（4）后续应根据事件的发展和处理情况，及时进行阶段性报告，确保信息的及时更新。

**2. 隐私保密制度**

（1）对于攻击性危机涉及员工的相关信息，应严格限制在危机响应小组成员范围内知晓。

（2）所有知晓相关信息的人员须签署保密协议，承诺不将其个人信息和事件细节泄露给外界。

（3）相关文件和资料应妥善保管，存储在加密的电子或纸质档案中，只有授权人员能够访问。

（4）在与外部机构（如警方、医疗机构）合作时，应遵循最小化披露原则，仅提供必要的信息。

**3. 建立危机响应小组及成员组成**

（1）危机响应小组组长：由企业高层管理人员担任，负责总体指挥和决策。

（2）人力资源专家：负责评估员工的工作状态和可能的人事处理方案。

（3）心理咨询师：为受影响的员工提供心理辅导和支持。

（4）安全保卫人员：维护现场秩序，保障人员安全。

（5）法律顾问：提供法律咨询和指导，确保处理过程合法合规。

（6）公关人员：负责与媒体和外界沟通，维护企业形象。

（7）基层管理人员：了解员工日常情况，提供相关背景信息和协助沟通。

### 4. 危机处理决策流程

（1）危机响应小组应在事件发生后的 1 小时内召开紧急会议，评估事件的严重程度和影响范围。

（2）根据评估结果，制定初步的处理方案，并明确责任人和时间节点。

（3）在处理过程中，根据新的信息和变化，及时调整方案。

（4）重大决策需经过小组多数成员同意，并报企业最高管理层批准。

### 5. 危机后续评估与总结流程

（1）事件处理结束后的 7 个工作日内，危机响应小组应组织评估会议。

（2）对事件的原因、处理过程和效果进行全面评估，总结经验教训。

（3）根据评估结果，提出改进措施和预防建议，完善企业的危机管理体系。

（4）将评估总结报告提交给企业管理层，作为后续决策和培训的参考依据。

第三节

# 自杀危机的识别及应对：
# 你也可以成为那束光

▼

## 【心理案例7】

在C公司的日常节奏中，Mike总是那个默默承受、力求完美的人。Tom，作为他的直接上级，以其严格的标准和不容置疑的权威，让Mike的每一天都充满了挑战。Mike深知，只有做到极致，才能勉强得到Tom的认可，但即便如此，微小的疏忽也总能换来一顿劈头盖脸的责备。那些日子里，Mike的世界仿佛被无尽的加班和批评充斥，心中的疲惫与挫败感与日俱增。

那天，会议室内的气氛异常凝重，紧急项目的讨论如同悬在所有人头顶的利剑，让人倍感压力。当Tom的情绪逐渐升温时，Mike心中已隐约感到不安。突然，一切如他所料，却又超乎其想象地爆发了。Tom的失控，那突如其来的愤怒与暴力，像是一场突如其来的风暴将Mike卷入了深渊。那一刻，Mike的世界仿佛瞬间静止了。他难以置信地看着Tom，那个平日里冷静高效的领导者，此刻却像一头失控的野兽，一拳重重地打在他的身上。身体上的疼痛瞬间袭来，但更让Mike难以承受的是心灵的震撼，他感受到了前所未有的屈辱与恐惧。会议室内，同事们的惊呼与慌乱成了背景音，而Mike的脑海中只有一片空白。

事后，尽管公司派员来进行了慰问和安抚，但Mike却发现自己再也无法回到从前的状态。每当夜深人静，那些被伤害的画面便如潮水般涌来，让他无法呼吸。他会突然痛哭流涕，用力捶打着自己的胸部，仿佛这样就能驱散那份深埋心底的痛苦与无助。这种自我伤害的行为，成了他唯一的宣泄方式，也是他对抗内心绝望的微弱挣扎。

同事们目睹了这一切，心中满是震惊与同情。他们试图接近Mike，给予安慰与支持，但那份深深的创伤，又岂是轻易能够抚平的？面对Mike的挣扎，他们感到前所未有的无力与无助，只能默默祈祷，希望时间能成为最好的疗愈师。

在这场突如其来的风暴之后，C公司内部也掀起了波澜。管理层开始反思企业文化与领导方式，试图构建一个更加健康、包容的工作环境。虽然Tom已经被降级处分，但在公司里每每看到他，Mike依旧感觉心跳加速，浑身发抖。在和同事的聊天中，Mike多次流露出"生活真没意思""人生没有意义"等想法，这些消极的想法让同事们更加担心他。

## 一、正视自杀危机

你知道9月10日是什么日子吗？我想你肯定会毫不犹豫地说"教师节"，但鲜为人知的是，这一天同时也是"世界预防自杀日"。说到自杀，人们往往讳莫如深，避而不谈，似乎它是一个禁忌。但现实中，自杀每天都在发生，这已然成为一个严峻的公共卫生问题。世界卫生组织公布的数据显示，全球范围内，2019年有超过70万人死于自杀，每100例死亡中有1例是自杀，且77%的自杀发生在低中收入国家。为了解决这一问题并促进积极的变革，国际预防自杀协会已将2024~2026年世界预防自杀日的共同主题确定为"改变对自杀的叙述"。这个主题旨在改变人们对这一复杂问题的看法，促进其从沉默和污名化的氛围向更开放、理解和支持的方向转变。在此，我们也希望通过本章节的介绍，呼吁大家共同关注职场中有潜在自杀危机的人群。

### （一）人为什么会自杀

那么，为什么有些人要亲手结束自己宝贵的生命？到底是什么原因驱使他们走上这条决绝之路，是一时冲动，还是经历了不能承受之痛苦？还有很多类似的疑问，但却没有一个简单的答案。

纽约州立大学的自杀学专家张杰教授提出了"扭力理论"的概念，也称"压力不协调理论"，是指个体同时经历两种压力源或者两种相对立的社会体验而引发的心理失衡状态。它与简单的压力不同，压力通常指单向力，再多的力只要是来自同一个方向，产生的就是压力。而扭力的形成至少包含了两种相对立方向的力，两个方向的力短时间内将生存空间快速且深度挤压，就可能导致复杂的心理冲突。打个简单的比方，就像一块橡皮，如果用一只手去按压，可能很难将其压坏，但如果用两只手往不同的方向拧，它很容易就断了。

你有过这样的经历吗？深夜下班回到家，躺在床上，开始各种思考人生。一开始，想到了刚刚失恋、生活单调乏味，这时你可能会安慰自己，"算了，就这样吧，感情强求不来，生活就这样，大家都是这么过的"。接着，你又开始思考未来，想起不近人情的上司，职业发展的瓶颈，觉得看不到希望，未来一片黑暗。于是，你慢慢崩溃了。"我怎么活得这么失败，人生有什么意义呢？"当然，多数时候，这些崩溃，人们都能熬下去，一觉醒来生活照旧。但如果不同方向的压力不停拉扯，达到了人们无法承受的临界值，就可能导致走向自杀。

自杀与几种心理感受密切相关，如绝望感、累赘感、疏离感等。当人们在生活或工作中遭遇一连串的打击，如失业、疾病、失恋等，可能会感到无比绝望。这种绝望感就像是无尽的黑夜，剥夺了人们的生活动力和希望，进而引发了放弃生命的念头。累赘感是指有些人感觉自己的存在是朋友、家人和（或）社会的负担，比如认为自己能力不足会给工作团队拖后腿，又或者患有心理或身体疾病而需要他人的照顾支持。他们可能会认为"我让我身边的人变得更糟"，用"如果没有我，大家会更好"来表达自己的累赘感。这种感受还会引发个体的自我厌恶，即认为自己是没用的，不被喜欢和接纳，这也是抑郁的重要表现之一。此外，当个体因为性格、工作或其他原因无法融入周围的环境，如工作中与团队人员或上级领导不和，感到自己格格不入，如果没有足够的社会支持，就没有人可以交流，只能自我封闭，从而导致归属感及社会联结感较低。这些人就像在暴风雨中孤立无援的船只，最终可能因无法抵抗风浪而沉没。

### （二）关于自杀的误解

自杀之所以成为人们口中的"禁忌"话题，部分原因是人们对它存在各种各样的误解。试着对自杀问题多一些理解，或许就能够有更多机会察觉到他人的痛苦，从而向他人伸出援手。

误解1：谈论自杀的人不会真的自杀，他们只是想引起别人的注意。

事实：人们谈论自杀可能是在寻求帮助或支持。许多谈论自杀的人正在经历焦虑、抑郁或绝望等情绪，可能会感到走投无路。即使是间接提到死亡或自杀，也请不要忽视，像"我走了你会后悔的""我看不到任何出路"这样的话，不管说得多么随意或像开玩笑，都可能暗示着严重的自杀念头，需要加以关注。

误解2：自杀往往是一时冲动或突然发生，没有任何征兆。

事实：自杀看上去可能是一时冲动的结果，但也可能是经过一段时间的酝酿。大部分自杀行为在发生之前就已经有一些征兆，当然也有一些自杀发生之前没有任何预警信号，但了解预警信号都有哪些且留意这些信号是很重要的。

误解3：有自杀意念的人，往往"去意已决"，没有什么能阻止他们。

事实：相反，有自杀想法的人往往处于生与死的矛盾和冲突中。有人可能会冲动行事，比如喝农药，几天后身亡，尽管他们还是想活着。如果他们能在危急时刻获得有效的帮助，很可能会有不一样的结果。

误解4：谈论自杀是个馊主意，可能被理解为鼓励自杀，甚至会触发自杀行为。

事实：其实不然。因为对于一个活得很开心的人来说，他大概率会觉得谈论这类问题的你才"有问题"。由于围绕自杀想法存在普遍的耻辱感，许多考虑自杀的人不知道该向谁诉说，而你的询问和关心不仅不会触发自杀行为，反而让对方感到被看见、被倾听，从而给了对方其他的选择或者有时间重新考虑其决定。这正是处理自杀危机的关键一步。

## 二、自杀是可以预防的

任何人都可能会有自杀的想法，但大部分有自杀想法的人并非真的想要结束生命，他们只是渴望摆脱痛苦的折磨。正如前文提到的，许多有自杀倾向的人在采取行动前都会表现出一些征兆。这些征兆是悲剧的预示，同时也是求救的信号。预防自杀的第一步就是识别出这些预警信号，进而迅速做出反应，防止自杀的发生。具体来说，可以从九个方面认识自杀的征兆，简称"六变三托"，即六种巨大改变，三种托付（临终前的安排）。一个人发生改变的程度越大，异常的方面越多，其自杀风险可能越高。以下列出自杀征兆的具体表现（见表6-4），以供参考识别。

表6-4　自杀的征兆

| 预警信号分类 | 具体表现 |
|---|---|
| 性情改变 | 极度抑郁后突然变得平静和开心，积极乐观的人突然变得消极颓废 |
| 言语改变 | 语言的征兆非常容易辨识，但是也非常容易被忽视，或引为笑谈而不了了之。要关注言语中与自伤、自杀和死亡相关的话题，以及绝望、无助感的表达<br>（1）谈论与自杀、死亡或自残相关的话题——"我不想活了""我想自杀""真希望我死了算了""生活没有任何意义""我看不到任何希望"<br>（2）自我厌恶，自我憎恨——感到无价值，内疚，羞耻和自我憎恨的感觉，认为自己是个负担，"没有我，大家会过得更好"<br>（3）写下有关自杀、死亡的内容——书信、诗歌、社交软件等<br>（4）搜索自杀的方式——药物、工具、地点等 |
| 行为改变 | 持久的反常动作与行为，如无缘由旷工，请病假不上班，酒精或烟草成瘾，自伤自残，一直打电话或不接电话，总是缠着他人或突然消失无踪 |
| 经济改变 | 以各种极端方式花光所有财产，把存款全部提现、乱借钱、乱花钱，或全部捐款给慈善机构，或乱买东西送人，通过金钱来处理和这个世界、他人的关系 |
| 身体改变 | 突然得了不治之症，觉得生活无望，可能会直接引发自杀行为 |
| 环境改变 | 生活出现异常变故，或经历重大创伤事件，如天灾人祸，失去所爱之人，重大财产损失，公司破产等，受到严重打击 |
| 托人 | 突然向亲朋好友嘱咐、要求或委托，之后加强对某人的照顾 |
| 托事 | 突然把自己的重大事件，嘱咐或委托他人代为执行或完成，比如设计师做项目时，自己尽心尽力跟了一大半进度，却突然委托同事代为执行 |
| 托物 | 突然把自己平时很宝贝的玩物或宠物，嘱咐或委托他人代为照顾或保管，比如很多人养狗，平时当成孩子般爱护，却突然送给朋友照顾 |

### 三、成为他人的"生命守门人"

如果你发现身边的同事表现出一些自杀倾向的信号，你可能会想，"我要不要跟他/她说点什么"？你可能会担心，"该怎么开口？万一说错话怎么办？如果对方生气了怎么办？还是多一事不如少一事"。确实，在这种情况下，感到犹豫或害怕是很正常的。但是，任何谈到自杀或表现出预警信号的人都需要立即得到帮助，且越快越好。这并不是需要你像心理健康专业人员一样去拯救对方，但初步的介入也许可以促使对方获得更全面更多样的资源和帮助。下面的步骤将介绍如何给他人提供恰当的帮助。

#### （一）建立信任并开始沟通

如果你敏锐地察觉到同事出现一些反常的言行，也就是上面提到的自杀"预警信号"。虽然你担心对方可能存在自杀的倾向，但你并不确定，那么最好的方法就是直接询问。那该如何开启这个话题才不会显得尴尬呢？首先请确保你和对方处在一个私密安全的环境中，避免被打扰，尽量用真诚关怀的态度开始你的对话。请从表达你对这位同事的观察和感受开始，即你观察到他/她有哪些变化，以及你对他/她的担忧。下面一些例句可以帮助大家开启这样的对话。

"嗨，今天中午一起午餐吧，好久没有和你聊天了。"

"最近，我看你总是没什么精神，好像心情不太好，是发生什么了吗？"

"我最近一直很担心你。我看领导找你谈话了几次，你想聊聊吗？"

"也许说出来会感觉好一些，你需要的话我一直在。"

"听说你家里出了点事，你有好多天没来上班了，同事们都很关心你的状态。"

如果你感到当下对方不想和你聊，请不要轻易放弃，也许你可以抓住其他比较隐私安全的机会，再次表达自己的关心，又或者可以邀请其他同事或者健康部门的人员来和对方聊聊。

## （二）评估自杀风险程度

### 1. 直接询问自杀想法

了解对方是否有自杀的想法，这是很多人难以启齿但却至关重要的一步。正如前面提到的，直接询问并不会促发对方的自杀行为，事实上，直接询问对方是否有自杀想法反而给有自杀倾向的人提供了表达自己感受的机会，可以让他们从孤独和压抑的负面情绪中解脱出来，并可能及时阻止自杀行为。你可以尝试以下询问的方式：

"你最近确实经历了很多。你说觉得没有力气再继续了，你是说感到生活不值得继续吗？"

"你刚刚说觉得人生没什么意义（或者没什么意思）的时候，你是说想要结束自己的生命吗？"

如果对方确实表达出了"不想活了""想自杀"的念头，请记住要保持冷静和关心，并需要进一步询问这种自杀念头是从什么时候开始出现的，以及出现的频率有多高。更重要的是，请确认对方实施自杀的意向程度，你可以这样问：

"如果我们用0到10来打分，0代表你只是想想而已，完全不会去做，10代表你一定会去付诸行动，你现在会打多少分呢？"

### 2. 评估具体的自杀计划

如果你的同事告诉你他/她正在考虑死亡或自杀，那么了解对方所处的危险程度非常重要。大多数有自杀想法的人，在真正做出自杀行动之前，会详细考虑如何实施自杀，以及选择可能对其有特殊意义的时间、地点、方式等。自杀计划可以帮助你了解对方目前的自杀风险有多高，从而有针对性地为对方提供帮助。以下问题可以帮你了解对方的自杀计划：

"你刚刚说想结束自己的生命，你是有想过具体的计划吗？"（计划）

"你有想过具体通过什么方式结束生命吗？"（方式）

"你是否已经准备好了自杀的工具？"（工具）

"你有想过什么时间，在哪里实施这个计划吗？"（时间、地点）

"你刚刚提到说打算通过使用安眠药的方式来结束自己的生命，你家里现在有安眠药吗？如果没有的话，你打算去哪里买呢？"（工具的可获得性）

在进行自杀计划评估的过程中，我们可以参考图6-1所示的步骤要点进行。

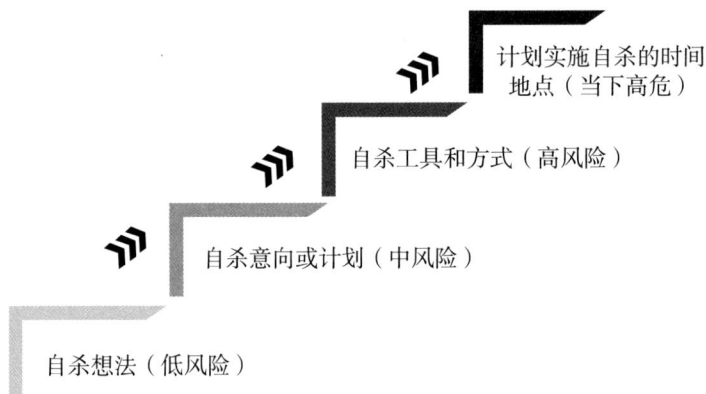

计划实施自杀的时间地点（当下高危）

自杀工具和方式（高风险）

自杀意向或计划（中风险）

自杀想法（低风险）

图6-1　自杀计划评估要点

### 3. 了解过去的自杀行为

了解对方以前是否有过自杀未遂或自我伤害的行为，这是重要的风险指标。如果对方曾经采取自伤或自杀的行为，那么他/她再次用这种方式面对痛苦的风险将会更高。你可以试着这样问：

"你以前感到极度痛苦的时候，是否曾经伤害过自己？"

"你之前有过自杀的尝试吗？"

"你以前用什么方法伤害过自己吗？结果如何呢？"

## （三）提供实际帮助与支持

那些考虑自杀的人通常不太相信他们能得到帮助，所以可能需要你更积极主动地拉他们一把。尽量不要等待对方给你打电话或向你求助，你可以鼓励对方立刻采取一些行动，也可以陪伴对方直至对方获得更专业的帮助。

### 1. 保障安全

如果评估后发现对方有较高的风险将自杀想法立即付诸行动，如，已有具体的自杀计划，那么需要立即采取行动，比如告知其家属或同住人，立即带他/她去就医，如情况紧急时可以拨打报警电话。如果对方已经准备好了实施自杀计划的工具，你应在征得对方同意后拿走其任何可能致命的物品（如刀具、绳子、药物等）。如果对方存在服用过量药物的风险，需要告知其家人、朋友帮其保管药物，只在对方需要服药的时候才给药。在对方自杀风险较高的时候，不可以让对方一个人待着。

### 2. 陪伴就医

对有自杀风险的人来说，尽快得到专业的帮助是至关重要的。也许当你鼓励对方去就医时，对方表示没有动力甚至拒绝你的帮助，请不要放弃。尽可能去了解对方拒绝就医的原因，同时表达你的担忧和关心，如果有需要，你可以提出帮助对方预约医生，并且陪他一起去。当然，如果你的工作单位有专门负责员工健康的部门，也可以请他们协助处理自杀危机。

### 3. 安全计划

安全计划是指一份详细的个人危机应对策略，它可以帮助有自杀风险的人在危机时刻保护自己，找到应对方法（见表6-5）。

表6-5  安全计划

| 安全计划 |
| --- |
| 1. 可能会发展为自杀危机的预警信号（想法、情绪、行为、情境） |
| （1）_____ |
| （2）_____ |
| （3）_____ |
| 2. 可以分散注意力的方式（只有我自己的情况下，我能够做到的转移注意力的事，如身体放松、运动等） |
| （1）_____ |
| （2）_____ |
| （3）_____ |
| 3. 可以分散注意力的人或环境、场所 |
| （1）姓名_____ 电话_____ |
| （2）姓名_____ 电话_____ |
| （3）地址_____ |
| （4）地址_____ |
| 4. 我能求助的家人和朋友 |
| （1）姓名_____ 电话_____ |
| （2）姓名_____ 电话_____ |
| （3）姓名_____ 电话_____ |
| 5. 处于危机时，我可以联系的专业人员或机构 |
| （1）医生姓名_____ 电话_____ |
| （2）医生姓名_____ 电话_____ |
| （3）心理援助热线：（如上海市心理热线 021-962525，全国统一心理援助热线12356） |
| （4）紧急医疗援助：_____医院 |
| 紧急援助地址： |
| 紧急援助电话：110、120 |
| 6. 使环境变得安全（去除伤害自己的工具等） |
| （1）_____ |
| （2）_____ |

安全计划提供了一个明确的行动指南，帮助他们识别自杀危机信号，使用自我调节技术，并及时寻求外部帮助。这样可以大大降低自杀的风险，提高他们的安全感和自我效能感。安全计划中的方

法应该清晰明确，且具有可行性。你可以和同事一起制订这份安全计划，并且可以定期对安全计划进行完善，以适应对方当下的状态。安全计划应尽量包含的内容请参考表6-5。

### 4. 整合资源

如果你在职场遇到同事的自杀危机，请记住，不要一个人面对，你可以帮助你的同事连接各种可以提供支持的资源，其中包括提供你所知道的专业资源信息，比如医院的精神科或心理科、心理热线电话等。从企业和团队的层面，也许同部门的同事可以暂时帮他分担一些工作量，企业的健康服务部门或员工帮助计划为该同事定期提供心理辅导，并且对于其就医和治疗提供便利。

### （四）持续跟进与关注

即使当下的自杀危机过去之后，也请你继续与对方保持联系。如果医生开了药，你可以关心一下对方药物治疗的感受，是否存在副作用等。如果情况逐渐好转，可以跟其他同事一起帮助他重建生活和工作的秩序，工作上适当的帮助，也有助于他重拾信心，找到工作中的价值感。空余时间的聊天、锻炼或娱乐也有助于他的情绪恢复。如果对方的情绪再次波动，你可以像之前一样为他提供鼓励支持，帮助他继续坚持。

## 四、如何与有自杀风险的人交流

与有自杀倾向的人交流并不是那么容易，当你听到对方有自杀的想法时，感到震惊和害怕都是正常的。但是，请不要在对方面前表现得过于慌乱，哪怕你不知该说些什么，仅仅做一个倾听者也可以给对方带来力量。

（1）做你自己：让对方知道你关心他们，他们并不孤单，找到合适的表达方式远不如表达你的关心更重要。

（2）积极倾听：对方鼓起勇气向你诉说，代表了他对你的信任，请全身心地倾听，让对方有充分的时间和空间表达他的想法和感受。适当地给予反馈和澄清，表明你在努力理解对方。

（3）开放接纳：自杀往往是一种绝望的挣扎，因此你要允许对方谈论自己的想法和感受，比如，想要结束生命的原因、希望通过自杀达到什么具体目的。也许你不认同他的想法，也请保持开放接纳的态度，尽可能站在对方的角度去感受、去理解。交流中也无需回避使用"自杀"或"死亡"这些词语，不带恐惧和负面评判地去讨论这些很重要。

（4）提供希望：请提醒对方自杀的念头只是暂时的。你可以告诉他，自杀想法其实很普遍，很多人在一生中的某个阶段会有这种想法。告诉他除了自杀，还有其他解决问题的方法。

也许很多人担心在和有自杀倾向的人交流时说错话，不仅无法帮助对方，可能还会让事情变得更糟糕。交流时恰当的言行是很重要的，以下是你在和对方交流时尽量避免说的话和做的事，以确保你能为对方提供更有效的支持和帮助。

（1）不要贬低或否定他们的感受："你为什么要这么想？生活没那么糟糕。"这会让对方觉得他们的感受不被理解或不重要。

（2）不要弱化他们的问题："你只需要多出去走走就好了。"这种说法显得对问题的严重性并没有足够的认识，并且这样的建议也不会提供实质性的帮助。

（3）不要批评或指责对方的自杀想法："你怎么能这么自私？这样做会伤害到你的家人。"指责和批评只会让对方感到更加内疚和无助，甚至更觉得自己是家人朋友的负担，不配活下去，可能导致问题更严重。

（4）不要转移话题或忽视问题："我们不想这些，来聊点开心的事吧。"忽视或回避问题并不会解决对方的困境，反而可能让他们觉得对自杀的讨论是羞耻的，没有人可以帮他。

（5）不要给予过于简单或无关的建议："你去跑步，锻炼身体会让你感觉好些。"虽然运动确实有助于改善情绪，但在自杀危机发生时，显得过于轻描淡写和不够具体。

（6）不要与他人的遭遇对比："你至少有一份稳定的工作，小张比你惨多了，你应该知足，不要有这么负面的想法。"这可能会让对方感到自己有自杀的想法都是不应该的，是对他感受的否认，也会让对方觉得自己不够坚强，没有足够的能力应对心理危机。

（7）不要承诺为对方的自杀想法保密：当我们在生活中面对一个痛苦的人的求助时，确实很难拒绝。但是一定不要答应有自杀风险的人为他保密，因为这涉及他的生命安全。你可以说："我理解你的痛苦，但我也很担心你的安全。面对你这样的状况，我一个人的力量是有限的，我想你需要更多更专业的帮助。谢谢你信任我，愿意跟我倾诉这么多，我不会把这些告诉他人，但是我会联系你的家人及公司的相关部门，请他们一起来帮助你。"你的拒绝，或许能够为他创造一些求助的希望。

（8）不要责怪自己：虽然你愿意向对方伸出援手，但请你照顾好自己，不要低估自己帮助他人的能力，同时，也不要高估自己，因为你可能最终无法阻止悲剧的发生，尽管你已经尽力了。此时，无需责怪自己，毕竟我们无法决定他人的生命。

总之，与有自杀想法的人沟通时，重要的是要表现出理解、支持和同理心，而不是评判、轻视或忽视他们的感受。通过谨慎选择言辞和行为，可以有效地提供帮助，并鼓励对方寻求专业的心理支持。如果你不确定如何继续进一步的沟通，请及时寻求专业的帮助。

## 五、工作单位的参与

在快节奏的职场环境中，自杀危机的预防和干预不仅是员工个人和家庭的责任，工作单位及管理人员也可以在识别和干预员工自杀风险方面发挥重要作用。作为公司及管理层，有责任和义务为员工创造一个健康、积极的工作氛围，并在必要时刻提供有效的自杀预防和干预措施。

### （一）建立心理健康支持体系

（1）提供心理健康资源：工作单位可以提供心理健康资源，如员工援助计划（EAP）、心理咨询服务、自助手册及在线资源等。同时，也可以考虑为员工购买心理健康保险，减轻其经济负担。

（2）定期进行心理健康评估：工作单位可以定期组织心理健康评估，通过专业人员和工具了解员工的心理状态。评估结果不仅可以为员工提供个性化的心理健康指导，还可以帮助管理层识别潜在的高风险人群。

（3）组织心理健康培训：工作单位可以为管理层和员工提供心理健康培训，提高他们识别和应对心理健康问题的能力，如员工出现突然的工作绩效下降、社交活动减少、情绪波动等。这些变化可能是员工面临心理危机的信号。

### （二）营造支持性的工作环境

（1）心理健康问题去污名化：通过宣传活动和教育项目，减轻对心理健康问题的偏见，鼓励员工寻求帮助。

（2）建立支持文化：鼓励员工之间、上下级之间的支持和理解，营造一个相互帮助和关心的工作环境。管理部门应积极与员工家属和同事沟通，了解员工在家庭和社交环境中的身心状态。家属和同事的反馈往往是发现员工自杀风险的重要线索。

（3）灵活的工作安排：提供灵活的工作安排，如弹性工作时间和远程办公，减轻员工压力。

## （三）建立危机干预团队

（1）设立危机干预团队：由心理健康专家、人力资源或管理部门组成的危机干预团队，负责协调资源、制订干预方案并跟进员工的危机处理进程。

（2）制订危机预案：制订详细的危机干预预案，包括识别风险、干预步骤和紧急联系方式等。一旦发现员工存在自杀风险，工作单位应立即启动干预程序，包括安排专业心理咨询师进行心理干预，同时通知员工家属。

（3）关注员工复工：在员工度过自杀危机后，工作单位和管理人员应持续关注员工的复工情况，为他们提供必要的支持和帮助，确保他们能够顺利回归职场。

总之，公司及管理人员在员工的自杀预防和干预工作中扮演着至关重要的角色。只有不断提高对员工心理健康的关注度，才能有效预防和减少员工自杀事件的发生，为企业和员工的共同发展创造更加健康、和谐的环境。

### Tips

# 管理者预案:
# 职场自杀危机预防与干预

▼

作为企业管理者，有责任和义务为员工创造一个积极健康的工作环境，预防和干预自杀危机，保障员工的生命安全和心理健康。为了方便管理者们了解和运用本章关于自杀危机预防干预的内容和措施，我们在这里提供简化版本的预案，在使用时可以参考上文中具体的内容和工具。

## （一）识别预警信号

（1）性情突然变化，如从积极变消极或反之。

（2）言语，如谈论自杀、死亡、自我厌恶。

（3）反常行为，如无故旷工、自伤等。

（4）经济极端行为，如乱花钱、捐赠财产。

（5）身体重大疾病。

（6）生活重大变故。

（7）"托人""托事""托物"。

**实施方法与策略**

● 建立员工行为观察小组，由部门负责人和部分员工代表组成，定期观察员工的行为变化并记录。

● 开展心理健康知识培训，让员工了解这些预警信号，鼓励员工之间相互关注，发现异常及时报告。

● 设立匿名反馈渠道，员工可以通过邮件、在线平台等方式反馈身边同事的异常情况。

## （二）迅速实施干预措施

（1）建立信任沟通，找安全环境，真诚交流，若对方不想聊也不放弃。

（2）评估自杀风险，直接询问想法、计划及过往行为。

（3）提供实际帮助，包括保障安全、陪伴就医、制订安全计划、整合资源。

（4）持续跟进关注，危机后保持联系，助其恢复。

**实施方法与策略**

● 对干预人员进行专业的培训，包括沟通技巧、风险评估方法等。

● 设立专门的安全室，为需要沟通的员工提供安全、安静的环境。

● 与专业医疗机构建立合作关系，确保在需要时能及时陪伴就医。

● 为经历危机的员工制定个性化的安全计划，明确具体的支持措施和责任人。

● 建立危机干预档案，持续跟进、关注员工的恢复情况。

## （三）开展企业层面的支持

（1）建立体系。提供心理资源，如 EAP 等，考虑购买保险。定期评估，提供指导，识别风险。开展培训，提高心理问题应对能力。

（2）营造环境。减少偏见，鼓励求助。建立支持文化，与家属同事沟通。提供灵活工作安排。

（3）建立团队。组成危机干预团队。制定预案，发现风险立即启动，通知家属。关注复工，提供支持。

**实施方法与策略**

● 为非自杀但受到影响的员工提供专门的心理辅导，帮助他们处理情绪和压力。

● 组织团队建设活动，增强员工之间的凝聚力和支持感。

● 开展心理健康讲座，向全体员工普及自杀危机后的心理调适方法。

● 与受影响员工的家属保持沟通，提供必要的支持和资源。

● 对复工的员工给予特别关注，调整工作任务和压力，确保他们能够逐步适应工作。

● 在企业内部宣传成功干预的案例，树立积极的榜样，减少员工的恐惧和不安。

第七章

# 疾病篇：知己知病，健康无忧

第一节

# 心身疾病：身体的疾病心知道

▼

## 【心理案例8】

张小姐是某市级事业单位的普通员工，因为部门人手不足，她的工作量非常大，经常加班到深夜，加之女儿最近马上要中考，让她倍感焦虑。近半年，她开始频繁出现失眠、头痛和胃痛的症状。起初，她以为只是工作压力大导致的正常反应，以前也有发生过。但慢慢地，她的症状越来越严重，不仅影响了工作效率，还导致情绪不稳定，甚至容易对家人、朋友发脾气。去医院检查后，医生认为张小姐并不是简单的身体疾病，可能还受心理因素的影响，也就是说，张小姐可能得了心身疾病。这让张小姐很疑惑，身体不舒服怎么会跟心理健康有关系？

## 一、什么是心身疾病

心身疾病（Psychosomatic Diseases）并不是某一种特定疾病的名字，而是一类疾病的统称，也被称为"心理生理疾病"。心身疾病虽然是躯体疾病，但是它的发生和发展受到心理和社会等因素的影响。这类疾病具有以下几个特点：（1）有明显的躯体症状；（2）发病原因以心理和社会因素为主，且随着患者的情绪、人格特征的不同而有明显的不同；（3）仅仅使用药物等生物学治疗，效果不太理想。简单地说，由于社会环境、日常生活琐碎和各种突发事件都会给我们的内心造成压力和冲突，而当这些压力得不到缓解的时候，身体就会以生病的方式表示抗议。

## 二、心身疾病的表现和分类

很多人可能并没有听说过"心身疾病"这个词,但相信你一定听过下面这些疾病:高血压、冠心病、胃溃疡、偏头痛、皮肤病……实际上,从溃疡到癌症,心身疾病涉及人体的各个系统,症状表现多种多样。一些常见的心身疾病如下:

(1)消化系统,胃及十二指肠溃疡、溃疡性结肠炎、肠易激综合征、神经性厌食、肥胖症、神经性呕吐、功能性消化不良等;

(2)心血管系统,原发性高血压病、冠心病、心律失常、神经性心绞痛、低血压病、心脏神经症等;

(3)呼吸系统,支气管哮喘、过度换气综合征、神经性咳嗽、功能性胸痛等;

(4)皮肤,神经性皮炎、荨麻疹、瘙痒症、湿疹、斑秃、银屑病、多汗症等;

(5)内分泌代谢,甲状腺功能亢进、突眼性甲状腺、糖尿病、肥胖症等;

(6)神经系统,肌紧张性头痛、偏头痛、抽搐、书写痉挛、自主神经功能失调等;

(7)泌尿及骨骼肌肉系统,遗尿、阳痿、月经紊乱、经前紧张症、类风湿关节炎、肌痛、颈臂综合征、腰背部肌肉疼等。

张小姐所表现出的头痛、胃痛等,就是属于神经系统和消化系统的心身疾病症状。我国中医理论中对心身疾病的描述,如《黄帝内经》中就提出"怒伤肝,喜伤心,思伤脾,悲伤肺,恐伤肾"等,同样表明人的内心情绪与身体健康息息相关。

## 三、心身疾病的成因

那么，到底是什么因素导致了心身疾病？我们又怎样知道自己会不会患上某种心身疾病呢？首先我们要来了解一下心身疾病的致病因素。这是一个非常复杂的问题，心身疾病往往是多种因素交织在一起共同作用的结果。

生物遗传因素：先天遗传因素是心身疾病的致病原因之一，特定的身体素质和躯体状况都会成为心身疾病滋生的土壤。比如，有些人天生对压力的察觉很敏锐、容易焦虑，属于抑郁易感人群，较之其他人群更容易出现心身疾病。

情绪因素：长期而严重的负性情绪，如焦虑、愤怒、抑郁、恐慌等会导致心身疾病的发生。如，心理因素会影响肠道的功能和微生物平衡。如果长时间压抑和抑郁，则容易导致胃肠功能紊乱，从而产生胃溃疡或慢性结肠炎等。有研究发现，在胃病患者中，情绪愉快时胃部分泌的黏液和血液循环增加，胃壁运动增强。但是在消极情绪时，胃部黏膜苍白，黏液分泌减少。因此，情绪在调节肠胃功能中担任不可忽视的角色，抑郁经常会导致消化内科系统的疾病。此外，长时间处于恐慌和焦虑中容易造成心血管机能紊乱，从而增加患高血压和冠心病的风险。

人格特征：人格特征决定了个体对外界信息的认知评价、情绪和生理反应，它也和个体面对外界压力的应对方式、与他人的关系、社会活动等相关。某些个性特质，如完美主义、过度责任感等，使得个体更易感受到压力。有些在情绪觉察和表达方面有困难的人对躯体症状会更加警觉，从而增加对躯体不适的感知和担忧。当然，任何人格不能决定是否会患心身疾病，但是由于人格的差异，人们对外界的感知和应对方式不同，不良的应对方式可能才是导致心理和生理症状的关键。

那么，在以上因素的影响下，情绪压力如何引起躯体的病理改变，产生心身疾病呢？尽管确切的机制尚不清楚，但目前的研究认为当个体感受到应激源时，情绪、行为、认知和人格特征等社会心理因素共同决定了大脑所感知到的压力程度。这些心理压力会以神经内分泌系统、中枢神经系统和免疫系统的机制产生生理反应，从而影响到身体各个器官的功能，在长期的功能紊乱下，个体会产生各种躯体症状，导致心身疾病。

## 四、心身疾病对企业管理的影响

员工患上心身疾病会给企业管理和企业生产带来诸多不利影响及潜在威胁。就像张小姐那样，由于工作压力大以及女儿中考带来的焦虑，她频繁出现失眠、头痛和胃痛等症状，这使她自身的工作效率大幅下降，情绪也变得极不稳定，容易对家人和朋友发脾气。从企业管理的角度来看，这无疑还会破坏团队的和谐氛围，加剧同事之间的矛盾。其他员工可能不得不分担她的部分工作，从而增加了自身的工作负担，最终影响整个团队的工作进度和效率。从企业生产的层面来说，心身疾病会削弱员工的工作能力，导致失误频繁出现，进而影响产品或服务的质量。长此以往，企业的成本会增加，竞争力会下降。此外，心身疾病的影响可能在员工中扩散，引发更多人的心理问题，进一步动摇企业的稳定和发展。

## 五、职场中如何识别心身疾病

由于人们对心身疾病的认识较少，以及长期形成的就医习惯，90%的心身疾病患者会选择去综合医院就诊而很少去心理科。人们往往只关注身体上的症状，而不愿主动诉说情绪问题和心理压力，这就使得很多心身疾病中的心理因素很难被发现。因此，对自己的情绪和身体反应保持敏感性有助于人们及时获得恰当的帮助。

识别心身疾病表现需要综合观察身体症状、心理状态、工作表现以及生活习惯。识别职场中的心身疾病表现需要从以下几个方面着手。

（1）觉察身体症状：经常出现不明原因的身体不适，如头痛、胃痛、胸闷等，应引起重视。

（2）关注心理状态：长期处于焦虑、抑郁、紧张等负面情绪中，且难以自我调节。

（3）工作效率降低：工作效率明显下降，失误增多，出现拖延、缺勤等情况。

（4）生活习惯改变：生活习惯发生转变，如熬夜、饮食不规律、缺乏运动等，可能会成为心身疾病的诱因。

（5）咨询专业人士：必要时咨询心理医生或公司的健康管理部门，进行全面评估。

## 六、心身疾病的应对

（1）综合治疗。心身疾病是由心理社会因素诱发的躯体性疾病，原则上需要并用心理和躯体两方面的治疗，或者两者结合进行综合治疗。药物可以帮助患者快速有效地缓解各类情绪问题和躯体不适，而心理治疗则可以让患者与医生或治疗师一起探讨触发躯体疾病的内在心理原因，改变负性认知和消极行为，从而更好地治疗心身疾病。

（2）自我调节。人们可以通过运动、娱乐、冥想等方式减轻压力，自我放松。当然，保证良好的生活习惯、健康作息和饮食对于身体和心理也都十分重要。建立友善的人际关系，可以帮助你加强社会支持、缓解负面情绪。

（3）健全企业支持系统。工作单位应营造健康的工作环境，健全员工心理健康支持体系，定期组织员工体检和心理评估，关注员工的心身状态；提供心理咨询服务或健康管理课程等，必要时帮助员工转介至医疗机构进行治疗。对待已患心身疾病的员工，应灵活调整工作安排，减轻工作量或远程办公等，使员工能感受到关怀与支持。只有员工的身心健康得到了保障，企业才能实现可持续发展，员工个人的职业生涯也才能更加顺利和成功。

# 第二节
# 抑郁症

▼

【心理案例9】

张先生是一家跨国公司的资深项目经理，工作上总是游刃有余。最近一个月来，张先生发现自己无论如何努力都难以集中注意力，整日感到无精打采、力不从心。这种疲劳感不仅仅是身体上的，更是精神上的。即使是曾经令他充满成就感的工作，现在也让他感到沉重和乏味，几乎毫无乐趣可言。张先生虽然白天精力不足，但晚上却难以入睡，早上会比之前早两个多小时醒来，醒过来后也感觉不到休息的效果。他认为自己只是工作状态不好、效率变低了，于是开始加班，希望用更多的时间来完成工作，结果情况却越来越糟。不仅如此，他发现自己越来越容易发脾气，甚至对家人和同事都感到烦躁和不耐烦。他的自信心逐渐下降，开始怀疑自己的能力，对未来充满了悲观和绝望的情绪。终于，在一次重要的会议上，他因突然的情绪崩溃而不得不提前离开。经过医生的诊断，张先生被确诊为"抑郁发作"，也就是人们常说的"抑郁症"。

## 一、抑郁症的定义

抑郁症（Recurrent Depressive Disorder），学名"抑郁发作"或"复发性抑郁障碍"，是心境（情感）障碍的一种，主要表现为持续的心境（情）低落、对日常活动失去兴趣、感觉不到快乐、精力明显下降、感觉无助无望以及自我价值感下降等。它区别于"抑郁情绪"（一种情绪的暂时低落），是一种严重影响个人生活、工作和社会功能的疾病。

## 二、抑郁症的症状

抑郁症的症状因人而异，但通常包括情绪、认知、生理三个方面。

（1）情绪：持续的心境低落、悲伤、空虚、绝望感，有时表现为易怒、焦躁、痛苦，对以前感兴趣或感受愉快的活动失去兴趣或愉悦感。

（2）认知：注意力难以集中，记忆力减退，自我评价低或丧失自信，难以决策，常常对未来缺乏希望，感到前途渺茫。严重的抑郁症患者因为过低的自我评价，可能会出现"活着没意思""不如死了算了"这样的死亡或自杀的念头，可能有自杀的计划或行为。

（3）生理：睡眠障碍（失眠或过度睡眠），体重和食欲的显著变化（明显减少或者明显增加），即便没有进行过度的活动也感到疲劳不堪，可能出现身体疼痛等。

## 三、抑郁症的原因

抑郁症的发生通常是多种因素共同作用的结果，包括生物学、心理学和社会环境等方面的因素。

（1）生物学因素，包括基因遗传、脑化学物质的不平衡（如血清素、去甲肾上腺素等）、荷尔蒙的变化。

（2）心理学因素，包括个性特质（如自卑、悲观等）、应对方式、童年创伤经历等。

（3）社会环境因素，包括家庭问题、工作压力、社会支持系统的缺乏、重大生活事件（如丧失亲人、重大的工作变化、离婚等）。

## 四、抑郁症对职场人群的影响

抑郁症对于工作人群的影响极其严重。抑郁症会导致员工工作效率大幅下降，原本头脑清晰、思维敏捷的员工，在患病后往往变得精神萎靡、反应迟钝。注意力难以集中，记忆力也明显减退，原本能够迅速而准确地完成的工作任务，在抑郁症的影响下却会变得异常艰难和充满挑战。员工在抑郁状态下，思维变得消极和狭隘，难以全面、客观地分析问题和评估风险，还会导致在工作中的判断出现偏差，做出错误的决策，给工作带来不必要的损失和麻烦。同时，抑郁状态下人们会出现强烈的内心痛苦和身体疲劳感，员工常常无法正常上班，出现迟到、早退、缺勤等问题。情况严重时，他们甚至会感到绝望和无助，最终选择离职，彻底放弃原本的职业生涯。

## 五、抑郁症对企业管理的影响

抑郁症对企业管理和企业生产存在多方面的影响和潜在威胁。从企业管理角度来看，以张先生为例，他被确诊为抑郁症后工作效率明显下降，频繁出错，这不仅打乱了原本的工作安排，还影响了团队的协作效率。其他员工可能需要承担他的部分工作，从而增加了工作负担，容易引发员工之间的不满和矛盾。此外，抑郁症患者的情绪不稳定，如张先生变得容易发脾气，对家人和同事都感到烦躁和不耐烦，这可能会与同事或上级发生冲突，破坏工作氛围，影响团队凝聚力。在企业生产方面，抑郁症会导致员工像张先生一样工作效率低下，注意力难以集中，决策能力也会下降，从而增加工作失误的风险，进而影响产品质量和生产进度。长期来看，这可能会导致企业的生产成本增加，竞争力下降。

## 六、如何识别职场中的抑郁问题

职场对于个体而言是一个特殊的环境，有些员工会考虑到各种因素从而努力掩饰自己的情绪问题，继续工作以免引起同事和上级的注意。然而，一些细微的变化可以帮助我们识别职场中的抑郁问题。

（1）工作表现下降：曾经表现优秀的员工突然变得效率低下，频繁出错，或者反应变慢。

（2）情绪低落或波动明显：员工变得情绪低落没有精神，或容易激动、焦虑。

（3）社交退缩：员工逐渐减少与同事的交流和互动，喜欢独处。

（4）身体健康问题：员工频繁请病假，或者抱怨各种身体不适（特别是没有明确诊断的躯体疾病的情况下）。

## 七、应对职场抑郁症的方法

（一）对员工个人来说

（1）寻求专业的帮助：如果怀疑自己患上了抑郁症，并且这种情况已经开始影响个人工作及生活，时间超过了两周且通过自我调整并没有明显好转的情况下，一定要去咨询精神科或心理科的医生。

（2）自我照顾：保持规律的作息，均衡饮食，适量运动，避免酗酒和滥用药物。

（3）建立支持系统：与家人、朋友保持联系，寻求他们的理解和支持。

（4）管理压力：学习一些情绪调节或压力管理的方法，如自助减压放松、冥想、深呼吸、时间管理等。

## （二）对管理人员来说

（1）加强培训，科学对待：提高对抑郁症的科学认知，学习如何识别和支持有心理问题的员工。

（2）创造支持性的工作环境：建立开放、包容的公司文化，鼓励员工坦诚表达自己的情绪和需求。对患病的员工需要恪守保密、接纳、陪伴并予以他们一定的帮助。

（3）提供心理健康资源：为员工提供心理健康服务，如心理咨询、员工援助计划（EAP）等。

（4）灵活的工作安排：在公司允许的情况下，根据员工的需要，提供灵活的工作时间或远程办公的选择。

第三节
# 焦虑症
▼

【心理案例10】

　　小艾在某公司做行政工作，平时工作积极认真，为人热情，乐于助人，人缘也不错。半年前小艾升职了，工作内容更多、责任更重了，因此她经常加班，有时周末也不能休息。最近，同事们发现小艾变化很大，总是皱着眉头好像心事重重，工作也比以前显得着急浮躁，近期的一些总结数据出现了好几个错误，最让大家奇怪的是，以前性格还算温和的她变得容易急躁、发火，甚至在一次开会时为了一个小问题和同事吵起来。坐在她隔壁的Emily有些担心她，询问她怎么了，小艾说最近总是会有各种各样的担心，常常觉得会有什么不好的事情要发生，严重时心烦意乱坐立不安，有时会不自觉地一阵阵冒冷汗，晚上辗转反侧怎么也睡不着，半夜还会惊醒，身体健康状况似乎也变糟糕了，不是这里不舒服就是那里不舒服，并且最令她不能忍受的是，脱发也很厉害……

## 一、焦虑症的定义

　　焦虑症学名"焦虑障碍"（Anxiety Disorder），也是一种常见的精神健康问题。中国首次全国性成人精神障碍流行病学调查显示，焦虑障碍的终生患病率为7.57%，12个月内的患病率为4.98%。

　　焦虑症表现为持续的、过度的担忧和紧张情绪，这种情绪往往与现实威胁不成比例，它会对个体的日常生活和功能产生显著的负面影响。

　　焦虑症有多种类型，包括恐怖性的焦虑障碍，也就是人们常说的恐怖症，如广场恐怖症（对公共场合或开阔的地方停留感到极端恐惧）、特定恐怖症（对特定的对象感到恐惧，怕猫、怕狗、怕黑、怕高等），还有广泛性焦虑障碍、社交焦虑障碍、惊恐障碍和分离焦虑障碍等，每种类型有其特定的症状和触发因素。上述职场故事中的小艾，可能患上了广泛性焦虑障碍。这是一种较为常见的焦虑障碍。我们以小艾同学的广泛性焦虑障碍为例来进一步了解焦虑症。

## 二、焦虑症的症状

焦虑症的症状表现包含情绪、认知和生理三个方面。

（1）情绪，对日常生活中的事件或未来可能发生的事件感到过度担忧，经常感到无法放松，常常处于一种紧张状态，或是突然感到极度恐慌，严重时可能伴随着窒息感或失控感。

（2）认知，总是有消极的预期，对事情的结果总是持有悲观的态度，总是预感会有最坏的情况发生，常常有"做不好""出错了""完蛋了"这样的负面思维。有的时候会反复思考，并且很难摆脱这种消极的思维模式或是很难从这种思维模式里走出来，就像"钻牛角尖"。此外，往往因为担忧和恐慌，保持专注地做好一件事情也变得十分困难。

（3）生理，常表现为心悸、出汗、肌肉紧张、头晕、疲劳、尿频、胃肠道不适、呼吸急促、睡眠障碍等。

## 三、焦虑症的原因

焦虑症的发生常涉及多个层面，包括生物学因素、心理学因素以及社会因素。

（1）在生物学方面，焦虑症具有遗传倾向。有研究表明，家族史中有焦虑症患者的个体更易发展出焦虑症。此外，大脑中 γ - 氨基丁酸、去甲肾上腺素等神经递质的不平衡可能也与焦虑症的发生有关。杏仁核、前额叶皮质、海马体等特定的大脑区域在情绪调节中起着关键作用，这些区域的结构或功能变化可能也与焦虑行为有关。

（2）在心理学方面，个体对威胁的评估和解释方式可能导致焦虑情绪的产生。情绪调节策略或者情绪管理能力的缺陷可能导致个体无法有效地管理焦虑情绪。另外，有研究表明，在童年时期经历过创伤也会增加患焦虑症的风险。

（3）在社会因素方面，最常见的就是各方面的"压力源"导致个体感知到的压力，例如工作压力、经济压力、社交压力等。这些压力长期存在，当超过个体承受范围时，就会导致焦虑的产生。但是，如果个体拥有良好的社会支持系统，可以降低患焦虑症的风险，反之，焦虑症的风险便会增加。最后，不同的文化背景和社会价值观也会影响个体对焦虑的体验和表达。当情绪表达受到阻碍时，焦虑的情绪症状很有可能通过躯体症状来进行"表达"，这也是为什么那些情感表达有困难的焦虑症个体往往会有更多的躯体不适的原因。这也提示我们，当躯体出现不适时，不仅需要从身体方面考虑原因，也要考虑心理方面发生疾病的可能性。

需要注意的是，焦虑症的发生通常是多种因素共同作用的结果，单一因素很难完全解释其发病机制，需要综合考虑个体的生物学特点、心理状态以及社会环境等多方面因素。

## 四、焦虑症对职场的影响

在职场中，焦虑症可能导致员工难以做出决策，回避必要的社交互动，甚至出现工作倦怠和职业倦怠。长期受到焦虑症困扰的员工，创造力和工作热情会逐渐下降，对团队合作和公司氛围也会产生负面影响。

## 五、焦虑症对企业管理的影响

焦虑症同样会给企业管理和企业生产带来负面影响。在企业管理方面，以小艾为例，她患上焦虑症后，对工作任务产生过度的担忧和恐惧，变得着急浮躁，近期的总结数据出现多个错误，工作拖延，无法按时完成任务。她还容易过度关注细节，追求完美，这些都影响了工作进度和效率。此外，焦虑症患者的情绪容易波动，小艾变得容易急躁、发火，与同事发生争吵，这严重影响了她与同事的合作关系，破坏了团队的和谐氛围。从企业生产角度来看，焦虑症会使员工的创造力和创新能力下降，因为他们往往处于紧张和焦虑的状态，难以发挥出最佳的工作水平。同时，像小艾一样，焦虑症患者可能会出现各种身体不适的症状，如心悸、头痛、肌肉紧张、脱发等，这会增加病假率，影响企业的正常生产运营。焦虑情绪还可能会传递给其他员工，导致整个团队的工作氛围变得压抑和紧张，进一步影响企业的生产效率和质量。此外，焦虑症还可能增加员工的离职率，对企业人力资源的稳定性构成挑战。

## 六、如何识别职场中的焦虑问题

焦虑症的症状表现，特别是情绪方面，相对于抑郁的"内隐"，往往是"外显"的，也是比较容易被观察到的，例如易怒、烦躁或情绪波动大等。一些人因感到持续的恐慌和担心，甚至对日常任务也感到难以应对。此外，身体不适也是一个重要信号。心跳加快、出汗、头痛、肌肉紧张或胃部不适等身体反应可能在工作压力增大时表现更加明显。由于焦虑也会影响工作效率、工作质量、人际关系，因此工作绩效下降、人际关系紧张甚至是冲突、工作满意度下降等都有可能提示员工存在焦虑问题。

对于员工个体而言，也可以使用焦虑自评问卷，如GAD-7、SAS等来进行自我评估。这里需要指出的是，自评问卷结果并不等同于临床诊断，最终结果需要精神科医生临床综合判断得出。

## 七、应对职场焦虑问题的方法

提高工作效率和生活质量，同样可以从个人和企业两个层面着手。

个人层面，可以通过寻求专业帮助来应对焦虑。心理咨询中的认知行为疗法（Cognitive Behavior Therapy，CBT）能够帮助人们理解焦虑以及焦虑背后的原因，并提供有效的应对策略。此外，保持健康的生活方式也是关键，如规律运动、均衡饮食和充足睡眠可以提升情绪，减少焦虑。学习放松技巧，如冥想、深呼吸和渐进性肌肉放松法，也能有效缓解压力和焦虑情绪。时间管理和任务规划同样重要，通过优先级排序和设定现实可行的目标，可以避免过度压力，减轻焦虑。建立支持网络，与同事、上司以及家庭和朋友沟通，获取理解和情感支持，也能帮助缓解焦虑。

企业层面，通过EAP和心理健康培训，可以帮助员工更好地应对心理健康问题。创造积极的工作环境，开放的沟通文化和支持性的领导能够鼓励员工表达感受，建立互信互助的工作氛围。提供灵活的工作安排，如弹性工作时间和远程工作选项，以及合理的休假制度，可以帮助员工平衡工作和生活，减轻焦虑。设立合理的工作目标和明确的职责期望，可以减少不必要的压力，公平的绩效评估系统则能减轻员工的焦虑感。最后，关注员工的工作负荷，避免工作过度集中在少数员工身上，提供职业发展支持，帮助员工提升技能、增强信心，也是企业应对职场焦虑的重要措施。

第四节

# 睡眠障碍：睡不好觉怎么办

▼

【心理案例11】

王先生是一家广告公司的设计总监，由于工作频繁加班，经常凌晨睡中午起。长期的日夜颠倒使他感觉入睡很困难，身体觉得很累，大脑还非常兴奋，躺在床上，脑子里走马灯一样放电影，夜里经常惊醒。这导致他白天精神不振，工作效率下降，频频出错，客户投诉增多。他开始对工作产生恐惧感，情绪变得易怒，与同事和家人的关系也受到影响。久而久之，他从下午就开始担心晚上能否睡个好觉，每天睡前也感到非常紧张，难以放松。

在购物平台上，香薰、睡眠喷雾、枕头、眼罩、耳塞等助眠产品销量猛增，越来越多的人通过消费修复睡眠；在社交平台上，拥有数万名成员的失眠小组每天都有人交流自救措施，每至深夜，"还有谁没睡"的询问帖，总能找到同样为"睡"所困的同盟。

那么，睡个好觉怎么就这么难？

## 一、什么是睡眠障碍

睡眠是生物本能。人的一生中有1/3的时间是在睡眠中度过的，所以无论男女老少都希望自己睡得好一些。很多人在睡眠这件事情上做了很多的努力，但往往事与愿违，不仅没有得到良好的休息，甚至还影响了身体健康、心理状态和日常生活，甚至发展为睡眠障碍。

睡眠障碍（Sleep Disorder）是指各种原因导致的睡眠质量、

数量出现问题，睡眠时长异常或节律紊乱，从而影响正常的生理功能和日常生活。常见的睡眠障碍包括失眠、睡眠呼吸暂停综合征、过度嗜睡、睡眠节律紊乱等，其中失眠是最常见的睡眠障碍。

## 二、失眠的表现

失眠是指在夜间无法入睡或无法保持睡着的状态，从而导致精神恍惚或萎靡不振。是否失眠是由个人的睡眠质量和睡眠后的感觉来决定，而不是睡了几个小时，或者入睡的速度有多快。即使每晚睡8个小时，如果白天还是感到困倦，也有可能是失眠的表现。失眠的一些常见表现见表7-1。

表7-1　失眠的常见表现

| 失眠类型 | 失 眠 表 现 |
|---|---|
| 入睡困难 | 尽管很累，但在床上闭眼睛30分钟后还无法睡着 |
| 睡眠维持困难 | 时睡时醒，夜间醒来次数过多，而且醒来后需要一定时间才能重新入睡。大多数人每天晚上醒来次数不超过2次，就算因为上厕所起床，重新躺下后也能马上入睡。反之，可能存在睡眠问题 |
| 长期浅睡眠 | 深层睡眠的时间过短而使睡眠质量变差，就算睡觉时间足够长也总感觉睡不安稳，没有睡好，并且睡醒后仍无法恢复精力 |
| 早醒 | 过早醒是指比平时醒的时间早一个小时以上，如平时在6点起床，但睡眠障碍出现后醒来的时间是5点或者4点，而且整体睡眠短于5个小时 |
| 白天疲倦 | 因夜间失眠而白天困倦、疲劳、难以集中注意力或容易被激怒 |

### 三、失眠的原因

很多人失眠只会持续几天，而且会自行缓解，尤其当失眠与明显的压力源有关时，比如，即将做工作汇报、失恋分手或时差反应等，当压力过去就不再失眠。

持续存在的失眠和慢性失眠通常与潜在的心理或生理问题有关。总的来说，可能有一半的失眠问题是由压力、焦虑或抑郁等情绪问题导致的，生活习惯、睡眠习惯和身体健康情况也会对睡眠有影响。以下是失眠的一些常见原因。

（1）情绪因素。焦虑、抑郁和压力是导致慢性失眠最常见的原因。反之，睡眠困难也会使焦虑、抑郁症状加重。愤怒、担心、悲伤、狂躁和心理创伤等常见情绪压力也会造成失眠。

（2）躯体疾病。许多躯体疾病由于病症可能会导致失眠，如哮喘、过敏、甲状腺功能亢进、胃酸倒流、肾病和癌症等，慢性疼痛也是失眠的常见原因。

（3）药物和兴奋性物质。许多处方药有干扰睡眠的不良反应，包括抗抑郁药、兴奋剂、皮质类固醇、甲状腺激素、高血压药物和一些避孕药。常见的非处方药包括含有酒精成分的感冒药，含咖啡因的止痛药，利尿剂和减肥药。下午或睡前喝咖啡、茶和酒也会影响夜间睡眠。

（4）睡眠习惯。很多像王先生一样的职场人上班时非常忙碌，工作状态下更多地需要考虑他人的感受，下班时间又比较晚，就倾向于通过延迟睡眠时间重新获得对时间和自我的掌控感和安全感。这源于对白天缺失的时间自主权的补偿心理。这种心理可以给人一种满足感，也是一种宣泄压力的出口。职场人虽然知道睡眠很重要，但是能自由支配的时间实在太少了，舍不得都用来睡觉。

（5）环境因素。噪声、光线、太热或太冷、不舒服的床垫或枕头都会影响睡眠。尤其是在季节交替、睡眠环境发生改变（如出差、搬家）时，容易出现失眠，应及时调整睡眠环境，避免情况恶化。

## 四、睡眠问题对职场人群的影响

睡眠问题在职场人群中普遍存在，所造成的影响也非常广泛且日益严重，主要表现在以下方面。

（1）健康问题。长期睡眠状况不佳会增加患心血管疾病、糖尿病、肥胖等健康风险，并且会影响免疫系统的应答，使人更容易受到感染，从而进一步降低睡眠质量。

（2）情绪问题。睡眠问题会导致人的情绪波动，容易引发案例中王先生所表现出的焦虑、抑郁、易怒等问题。

（3）人际关系紧张。情绪不稳又会进一步导致与同事和领导的关系紧张，影响团队合作。

（4）工作效率下降。睡不好导致疲劳和注意力不集中，延长反应时间、损害判断力和认知能力，容易出错，从而使工作效率明显降低。

（5）生活质量下降。睡眠问题不仅影响工作，还会波及个人生活，降低整体生活质量。

（6）职业发展受阻。长期睡眠问题影响工作表现和职业发展，甚至导致职业倦怠。

## 五、睡眠问题对企业管理的影响

睡眠问题对企业管理和企业生产的危害同样不可小觑。以王先生为例，他因频繁加班导致作息紊乱，出现入睡困难、夜间惊醒等睡眠问题，进而引发了一系列不良后果。在企业管理方面，睡眠障碍会使员工在白天精神萎靡，工作效率显著降低，如王先生般频繁出错，导致客户投诉不断增加。这会对员工的绩效考核产生负面影响，甚至可能引发员工与领导之间的冲突。同时，员工因睡眠问题而产生的情绪问题，如易怒等，会破坏团队的团结氛围，阻碍团队合作的顺利进行。在企业生产方面，员工的睡眠问题会导致生产效率下滑，可能出现工期延误、质量下降等问题。此外，睡眠障碍还会使员工的病假率上升，影响企业的正常运转。长期来看，这将对企业经济效益造成负面冲击，阻碍企业的发展壮大。

## 六、睡眠问题的应对

想要改善睡眠状态，首先要找到导致睡眠不佳的影响因素，这样才可以有针对性地做出调整。总体来说，人们可以通过改善睡眠环境、睡眠习惯、改善情绪及改变想法等方法来让自己睡个好觉。

（1）确保卧室安静、昏暗、温度适宜。试着用耳塞来屏蔽外面的噪声，打开窗户或风扇来保持房间凉爽，用遮光窗帘或眼罩来遮挡光线。尝试不同硬度的床垫和枕头，它们能为你提供舒适的睡眠环境。

（2）坚持规律睡眠，坚持日常规律的作息。每天按时睡觉和起床，包括周末。即使晚上没有睡好，早上也尽量在平时的时间起床，晚上也不要过早睡觉，这将帮助你恢复正常的睡眠节奏。

（3）睡前减少电子产品的使用。电子屏幕会发出蓝光，扰乱人体褪黑素的分泌，抑制睡意。因此，与其在睡前看电视、玩手机或看电脑，不如选择其他的放松活动，比如读书或听轻音乐、有声书。

（4）避免刺激的活动和紧张的环境。包括浏览社交媒体信息、与伴侣或家人进行大声讨论或争吵、赶工作进度等，这些都会让你的大脑和身体更加紧张兴奋，更难以入睡。请把这些事推迟到第二天白天再做。

（5）睡前避免喝太多液体。睡前一小时不要喝任何东西，同时也可通过睡前如厕减少夜间醒来的次数。少喝酒，过多饮酒会干扰睡眠周期，导致在夜间醒来。睡前两小时避免吃油腻的食物，辛辣或酸性食物会引起胃痛、胃灼热等不适反应。睡前6小时停止饮用含咖啡因的饮料，对咖啡因敏感的人可能需要更早停止。

（6）尽量避免白天睡觉。白天睡觉会让你晚上更难入睡。如果你觉得必须小憩一下，那就在下午3点前午休，尽量控制在1小时内。

（7）改变认知。其实很多失眠的人会发现，时间一长，失眠所带来的消极想法和焦虑往往比失眠本身的影响还要大。比如，有些人会担心"如果我睡不着，我明天面试肯定没戏，找不到工作，我就是个失败的人，我的人生就完了……"找出这样的想法，试着告诉自己，现在睡不着也没事的。你甚至可以起身做点想做的事情，这时候反而会更快地进入睡眠。

（8）保健品和药物治疗。很多人会求助于膳食补充剂和草药补充剂。虽然这些保健品号称"天然"，但是有些仍会有副作用，并且会干扰服用的其他药物或维生素，所以最好咨询医生或药剂师谨慎服用。如果你尝试过各种各样的自助方法，但都没什么效果，那就需要寻求睡眠专家的帮助了，尤其是在失眠严重影响情绪和健康的情况下，就医时尽可能向医生提供自己的信息，包括尝试过的自助方法。睡眠专家包括精神科医师、神经内科医师、中医内科医师，有些医院也有睡眠门诊。

第五节
# 其他常见精神障碍

▼

## 一、强迫症

强迫症（Obsessive-Compulsive Disorder，OCD）的特征是反复出现的强迫思维和强迫行为。患者深知这些观念或行为不合理、不必要，但是仍无法控制或摆脱，因此感到焦虑或痛苦。

### （一）强迫思维

强迫思维是指反复出现令人不安的想法、冲动或画面，这些思维内容通常是无意义的，但却难以停下来。常见的强迫思维包括以下几种。

（1）害怕污染或弄脏：对细菌、污垢或毒素的极度害怕，担心自己或他人会因此生病。

（2）强迫回忆：不由自主地反复回忆以往的经历，无法停止或摆脱。

（3）强迫性穷思竭虑：对一些常见的事情、概念或现象反复思考，刨根究底，自知毫无现实意义，但是无法自控。比如，对领导布置的工作任务反复思考，"是不是领导对我有意见，他才让我做这些"，因此无法进行正常的工作。

（4）恐惧失控：担心自己可能会对自己或他人做出有害的事情，尽管这种可能性非常小。

### （二）强迫行为

强迫行为是指为了减轻强迫思维带来的焦虑，反复进行的某些特定行为或心理活动。这些行为虽然可以暂时缓解焦虑，但通常是短暂的，之后强迫思维和行为会再次出现。常见的强迫性行为包括以下几种。

（1）清洗和消毒。反复洗手、洗澡或清洁物品，以减轻对污染的担忧。

（2）检查。反复检查门锁、电器开关、文件等，以确保安全。

（3）计数。按照特定的数字或顺序进行某些行为，如走路时必须踩到特定的砖块。

（4）重复行为。反复进行某些动作，如进出房间、触碰物品等，直到感觉"正确"为止。

（5）整理和排列。反复整理物品，确保它们按特定的方式排列整齐。

也许有些人认为自己符合以上某条表现，但是请勿轻易给自己贴标签。一般情况下人们所进行的思考、担忧、仪式化行为等都是有意义且合理的，只要是灵活可控的，能够让自己的生活和工作更有秩序、更顺畅，不会因为偶尔的中断而引起显著的焦虑或困扰，也不影响生活功能，那这就不是强迫症。相反，如果上述行为给我们带来了焦虑和困扰，影响到正常工作和生活，那我们就需要考虑去精神心理科看一看了。

## 二、双相情感障碍

双相情感障碍（Bipolar Disorder）也就是大家常说的"躁郁症"，是一种严重的精神障碍，表现为在不同时间段内会经历情绪的两极变化，包括躁狂和抑郁两种不同状态，以及中间正常情绪期的间隔期，也可能出现快速的情绪转换或混合状态。这些不同发作期的间隔时间因人而异，但通常每次发作会持续数天或数周。这些情绪波动通常会影响到患者的日常生活、工作和人际关系。以下是躁狂和抑郁两种情绪状态的主要表现。

## （一）躁狂症状

（1）情绪高涨：极度快乐或兴奋，甚至可能表现出不切实际的乐观。

（2）过度自信：自我感觉良好，觉得自己无所不能。

（3）话语增多：讲话速度快、话题不断、难以被打断。

（4）睡眠减少：睡眠需求显著减少，可能每天只需几小时甚至不需要睡觉。

（5）思维奔逸：思维跳跃迅速，难以聚焦一个主题，他人会感到交流困难。

（6）冲动行为：从事高风险行为，如过度购物、鲁莽驾驶、投资冒险甚至欠债等。

（7）易怒和攻击性：容易发怒，对他人的批评极度敏感，甚至可能做出违法行为。

## （二）抑郁症状

患有双相障碍的人所经历的抑郁包括下文所列出的部分或全部抑郁症状。

（1）情绪低落：持续的悲伤、绝望和空虚感。

（2）兴趣减退：对以前感兴趣的活动失去兴趣和乐趣。

（3）疲劳和精力不足：即使经过休息，仍然感觉极度疲劳。

（4）自我评价低：自我贬低、无价值感和强烈的内疚感。

（5）睡眠问题：失眠或过度睡眠，难以维持正常的睡眠模式。

（6）食欲变化：食欲显著增加或减少，体重显著变化。

（7）思维迟缓：思考和决策困难，注意力难以集中。

（8）自杀念头：反复出现死亡或自杀的念头或行为。

双相情感障碍的诊断通常需要精神科医生通过详细的病史、症状描述和家族史进行评估。治疗方法包括药物治疗和心理治疗。常用的药物包括心境稳定剂、抗抑郁药和抗精神病药物。心理治疗则包括认知行为疗法、心理教育和支持性治疗等。

## 三、精神分裂症

精神分裂症（Schizophrenia）是一种严重的精神疾病，影响患者的思维、情感和行为。它通常在青春期或成年早期发病，是一种慢性疾病，需要长期治疗和管理。虽然精神分裂症的确切病因尚不完全清楚，但它被认为是由遗传、神经化学、环境等多种因素共同作用的结果。精神分裂症的症状多种多样，通常分为阳性症状和阴性症状。

### （一）阳性症状

（1）妄想：患者可能会持有不符合现实的坚定信念，例如，认为自己受到迫害、被监视或具有特殊使命（如拯救世界）。其他人可能觉得这些想法匪夷所思，但患者本人非常坚信，并且难以通过逻辑和现实说服对方。

（2）幻觉：患者可能会感知到实际上不存在的事物，最常见的是听到不存在的声音（幻听），也可能出现视觉、嗅觉、触觉或味觉幻觉，并且患者认为这些是真实存在的，并非病态的。

（3）思维混乱：患者的思维过程可能变得混乱和破碎，表现为言语杂乱无章、难以理解、答非所问，或是迅速从一个话题跳到另一个话题。

（4）行为异常：患者可能表现出奇怪或无目的的行为，如重复某些动作、过度活跃或完全不动。

（二）阴性症状

（1）情感平淡：情感表达减少，面部表情木讷，语调单一，缺乏眼神接触。

（2）社交退缩：可能回避社交活动，疏远朋友和家人，对人际关系失去兴趣。

（3）动机缺乏：可能缺乏动力完成日常活动，表现出无精打采、对生活失去兴趣。

（4）快感缺乏：可能无法体验到生活中的快乐或满足感，即使是以前喜欢的活动也不再感兴趣。

总体来说，精神分裂症是一种复杂且严重的精神疾病，治疗方式主要包括药物治疗、心理治疗和社会支持。抗精神病药物是治疗的基石，能够有效控制阳性症状。心理治疗，如认知行为疗法，可以帮助患者调整认知功能和情绪。社会支持，如家庭治疗和职业康复训练，可以帮助患者重建社会功能，提高生活质量。通过综合治疗和长期管理，许多患者可以显著改善症状并过上有质量的生活。

# 企业心理管理策略

随着员工心理健康问题日益凸显，管理者需要关注并采取相应的策略来帮助患有心理疾病的员工。

## （一）如何帮助患有心理疾病的员工

（1）关注员工的情绪和行为变化：管理者应密切留意员工的工作表现、情绪状态以及行为举止的改变，及时发现潜在的心理问题。

（2）提供支持和理解：当员工出现心理疾病症状时，管理者要表达关心和支持，让员工感受到温暖和理解，鼓励他们寻求专业帮助。

（3）营造健康的工作环境：努力创造一个积极、和谐的工作氛围，减轻员工的工作压力，避免过度加班和高强度的工作任务。

（4）鼓励沟通和分享：建立开放的沟通渠道，鼓励员工分享自己的感受和困扰，及时解决问题，避免心理问题的恶化。

## （二）如何帮助患病员工恢复工作能力

（1）制订个性化的康复计划：与员工和专业医生合作，根据员工的病情和恢复情况，制订个性化的康复计划，包括调整工作任务、提供必要的支持和培训等。

（2）提供心理支持：组织心理健康培训和辅导活动，帮助员工缓解压力，调整心态，增强应对心理问题的能力。

（3）逐步恢复工作：根据员工的康复进展，逐步安排适当的工作任务，让员工逐渐适应工作节奏，恢复工作能力。

（4）定期评估和反馈：定期对员工的康复情况进行评估，给予及时的反馈和鼓励，帮助员工树立信心。

## （三）相关的法律法规

（1）了解《中华人民共和国精神卫生法》等相关法律法规，保障员工的权益，不得歧视患有心理疾病的员工。

（2）遵守劳动合同法，确保在员工患病期间，给予合理的医疗期和待遇。

（3）保护员工的隐私，对于员工的心理疾病情况要严格保密，避免泄露。

第八章

# 自助篇：做自己的心理医生

————◇♡◇————

第一节
# 认知调节：助职场人重获心灵平衡

请想象一下：每个人的大脑里都有一幅地图，它可以帮助我们认识世界，找到并了解周围的人和事。这就是人类的认知功能。这幅"认知地图"如超级导航系统，在日常生活里为我们指引方向，辅助决策判断。当面临新的挑战任务时，它告诉我们行动的方向。

认知功能还有一个重要的"过滤器"功能。信息爆炸时代，我们每日接收到海量信息。认知过滤器只让符合价值观、经验和目标的信息通过，滤除无关内容，帮助我们高效处理信息，避免干扰。

同时，优秀的认知能力还是帮助我们面对未知的预测工具，能让我们基于经验知识预测事情发展的走向或结果。例如投资项目时，它依据市场趋势、行业发展与项目特点，预测风险回报，帮助我们做出明智的决策。

因此，在竞争激烈、快节奏的职场环境中，我们可以通过认知调节，应对长期的工作压力、复杂的人际关系、迷茫的职业发展等职场困境以及其导致的焦虑、抑郁、职业倦怠等心理问题，提升职场生活的质量和幸福感。

## 一、改变工作动机

在传统观念中，我们往往将工作的动机主要归结为获取经济收入、实现职业目标和获得社会认可。然而，这种以外部因素为驱动的工作动机，容易让我们在职场的起伏中感到焦虑和失落。当经济收入不如意、职业目标受阻或社会认可不足时，心理压力便会随之而来。

　　为了缓解这种压力，我们可以尝试改变工作动机，从关注外部因素转向关注工作本身所带来的内在价值。比如，将工作视为一种自我成长和学习的机会，每一项任务都是提升自己能力的途径。这样，即使在面对工作中的困难和挑战时，我们也能以积极的心态去应对，因为我们知道，每一次的挫折都是成长的契机。

　　在第二章的心理案例中，Z先生新婚得子、搬入新房，看似人生赢家，实则压力巨大。生活经济的重担和巨大的工作压力让他自我怀疑，陷入到职业倦怠和抑郁情绪中。

　　对于Z先生而言，他可以试着重新审视自己的职业定位和价值。在工作中，他可以不再仅仅将完成工作任务、满足老板要求视为工作的全部，而是将每一次账目处理和财务分析的过程当作是提升自己专业技能、积累财务管理经验的机会。

　　此外，他还可以尝试在工作中建立更广泛的人际关系网络。比如，主动参加财务领域的研讨会或培训课程，拓展自己的视野和思维方式。在这个过程中，他可以将与同行的交流和学习视为丰富自己职业素养的机会，而不仅仅是为了完成工作任务或者获得他人的认可。

　　最后，Z先生可以树立长期的职业愿景。他可以设想自己未来成为一名资深的财务专家，或者希望有一天能够创立自己的财务咨询公司。将当前的工作任务和挑战视为实现长期职业愿景的垫脚石，每一次克服困难都是向目标迈进的一步，从而激发自己的工作动力和热情。

## 二、找到归属感和价值感

　　职场中的归属感和价值感对于我们的心理健康至关重要。当我们在工作中找不到归属感时，会感到孤独、孤立无援，容易产生消极情绪；而当我们感受不到自己的工作价值时，会对工作失去热情和动力，产生职业倦怠。

为了找到归属感，我们可以积极参与团队活动，与同事建立良好的合作关系，共同为团队目标而努力。在团队中，我们要学会倾听他人的意见和建议，尊重他人的想法和感受，同时也要善于表达自己的观点和需求，让团队成员更了解自己。通过这种互动和合作，我们能够逐渐融入团队，找到自己在团队中的位置和角色，从而获得归属感。

而想获得价值感，首先要明确职业目标与规划，可以将大目标分解成小目标，这样每完成一个小目标都能看到成果与价值。要不断提升专业技能和综合素质，从而更好地应对工作挑战，以高质量成果体现价值。此外，还要善于从工作细节中发现价值，记录、总结闪光点。同时，积极寻求外界的反馈认可，与领导、同事、客户沟通交流，了解工作的积极影响，增强价值感与自信心，从而能更好地在职场中发展。

第四章心理案例中的Cici，她在忙碌的工作中面临部门变动、公司搬家、身体过敏与哮喘发作等状况，上司Amy不理解她的困境还增加工作，同事间有隔阂且传八卦，使其在工作中找不到归属感与价值感。面临工作上的人际问题，Cici的内心一定不好受，但只有解决问题才能走出困境。Cici可以从以下几个方面尝试调整认知，解决问题。

（1）积极与上级沟通反馈：Cici需要找一个合适的时机与上司Amy进行一次深入的沟通，将自己的工作成果、付出的努力以及对团队的贡献清晰地呈现给Amy，同时也表达自己对于工作价值得到认可的期望。

（2）主动与同事交流分享：找一个相对轻松的氛围，比如，在午餐时间或者工作间隙，主动和同事们开启对话，坦诚地分享自己近期的身体状况和工作压力，表达自己希望得到理解和支持的想法。

（3）建立合作互助的关系：在工作中，主动与同事建立合作互助的关系。Cici可以主动帮助其他同事解决一些他们面临的问题，同时在自己遇到困难时也勇敢地向同事求助。

（4）在团队会议中展示成果：在工作上，Cici要更加积极主动地展示自己的工作成果和贡献，可以提前精心准备好汇报内容，用数据和事实说话，突出自己工作的重要性和影响力。

（5）制定职业规划与目标：为自己制定清晰的职业规划和短期、长期的工作目标，也可以很好地帮助自己提升工作价值感。比如，Cici可以设定在本季度内提升校招人才质量的目标，或者在一年内晋升为招聘主管的职业发展目标，同时将这些目标分解为具体的行动计划，从每一次的进步和成果中找到价值感。

## 三、获得工作的主动权

在职场中，很多人常常感到自己处于被动的地位，被工作任务和上级的要求所驱使，缺乏自主决策和控制的权力。这种被动的工作状态容易让我们产生压力和焦虑，影响心理健康。

为了获得更高的工作动力和对工作的掌控权，我们可以从制订合理的工作计划和目标开始。根据自己的工作职责和能力，结合公司的战略和目标，制订出详细、可行的工作计划和目标。在制订计划和目标的过程中，要充分考虑自己的兴趣和优势，让工作内容与自己的能力和需求相匹配。同时，要合理安排工作时间和资源，确保计划和目标能够顺利实现。

在本书的情绪篇中，我们认识了小李。他因为受到年龄焦虑及经济下行的影响，在被老板责骂后，工作状态变差，情绪也变得敏感易怒。再加上妻子工作变动、孩子常常生病、家务事繁多、好兄弟即将被公司裁员等压力事件，小李对职业生涯的不确定性与焦虑感非常强烈，渴望调整状态、找到职业出路。在这样的情况下，小李该如何通过改变获得工作的主动权呢？

第一，可以结合自身的工作职责、能力、兴趣、优势以及公司的战略目标，为自己制订一个工作计划与目标。比如，小李可以拟定明确要完成的数据项目类型、质量标准以及提升数据处理效率的具体指标等。同时，合理安排工作时间，将每日工作时间分段，为不同任务分配专属时间段，确保计划顺利推进。

第二，提升专业技能也可以帮助小李提升工作中的掌控感。利用业余时间参加线上或线下的数据相关培训课程、研讨会等，学习新的数据处理技术和分析方法，提升自己在数据领域的专业能力；也可以考取相关的职业资格证书，如数据分析师证书等，增强自己在职场上的竞争力。

第三，小李还可以积极扩展职业发展和人际网络，积极参与行业内的交流活动，结识更多同行和专家，了解行业动态和潜在的职业机会；可以通过社交媒体、专业论坛等平台，与同行分享经验和见解，扩大自己的职业影响力。

第四，如果现阶段的困境真的难以改变，那么寻求新的事业机会也是一个好的选择。小李可以积极关注公司内部其他部门的岗位需求，如果有与自己能力和兴趣匹配的岗位，主动申请转岗，拓展职业发展空间，降低因所在部门业务调整而被裁员的风险。

总之，通过改变工作动机、找到归属感和价值感、获得工作的主动权等认知调节方式，我们可以更好地应对职场中的心理困境，保持积极和健康的心理。希望每一位在职场中奋斗的人都能够运用这些方法，提升自己的心理调适能力，在职场中实现自己的价值。

第二节
# 技巧加持：做自己的心理呵护者

▼

## 一、减压放松技巧

### （一）冥想放松

冥想是一种通过集中注意力和调整呼吸来达到身心放松的方法。日常生活中练习冥想可以帮助我们激活副交感神经系统，降低身体的应激反应，从而减轻焦虑和压力，促进身心放松。长期坚持冥想练习还可以提高专注力、增强心理韧性和自我意识。操作方法如下。

（1）找一个安静、舒适的地方坐下或躺下，确保在冥想过程中不会被打扰。可以关闭灯光，点燃一些有助于放松的薰香，如薰衣草薰香。

（2）轻轻闭上眼睛，将注意力集中在自己的呼吸上。慢慢地吸气，感受气息进入鼻腔、肺部，腹部微微隆起；再慢慢地呼气，感受气息从肺部、鼻腔呼出，腹部慢慢回缩。专注于呼吸的节奏和感觉，每次呼吸都尽量让自己的呼吸变得更深、更慢、更平稳。如果在过程中思绪飘走，不要批评自己，只需轻轻地将注意力拉回到呼吸上。

（3）从每次 5 ~ 10 分钟开始，逐渐增加冥想的时间，最终可以达到每次 20 ~ 30 分钟。

- 刚开始练习冥想时，可能会很难集中注意力。这是正常的，坚持练习会逐渐改善。

- 选择一个固定的时间和地点进行冥想练习，有助于养成习惯。

- 可以下载一些冥想引导音频，帮助你更好地进入冥想状态。

### （二）渐进性肌肉放松

渐进性肌肉放松是通过先使肌肉收缩，然后再放松，从而体验肌肉紧张与松弛之间的差异，达到放松身心的目的。当肌肉处于紧张状态时，身体会释放应激激素，如肾上腺素和皮质醇，导致身心紧张和焦虑。通过渐进性肌肉放松训练，可以降低这些激素的分泌，缓解身体的紧张状态，达到放松身心的效果。操作方法如下。

（1）坐在椅子上或躺在床上，先让自己的身体保持舒适的姿势，然后深呼吸几次，让身体逐渐放松下来。

（2）从脚部开始，先将双脚脚趾用力向上勾起，使脚部肌肉绷紧，保持 5 ~ 10 秒，然后突然放松，感受脚部肌肉的松弛。接着，将双脚向下踩，使小腿肌肉绷紧，同样保持 5 ~ 10 秒后放松。按照这样的顺序，逐渐向上，使大腿、臀部、腹部、胸部、手臂、肩膀、颈部、面部的肌肉依次绷紧和放松。在每个部位的肌肉绷紧和放松过程中，集中注意力感受肌肉紧张和松弛的差异。

（3）完成一轮后，可以根据自己的需要重复 2 ~ 3 次。

● 在肌肉收缩时，不要过度用力，以免造成肌肉拉伤。

● 在肌肉放松时，要尽量让肌肉完全松弛下来，不要有任何残留的紧张感。

● 可以在每天晚上睡觉前进行渐进性肌肉放松训练，帮助身体放松，提高睡眠质量。

### （三）蝴蝶拥抱

蝴蝶拥抱是一种心理自我安抚和情绪调节的方法，是通过自我拥抱和双侧刺激来缓解焦虑和压力的心理技术。蝴蝶拥抱通过双侧刺激的方式，激活大脑中与安全感、放松感相关的神经回路，从而降低压力导致的焦虑和恐惧等负面情绪。操作方法如下。

（1）找一个安静、舒适的地方坐下或躺下，双臂在胸前交叉，双手分别放在对侧的肩膀上，就像蝴蝶的翅膀一样。

（2）有节奏地轻拍自己的双肩，先左手拍一下右肩，再右手拍一下左肩，速度可以慢一些，大约每秒拍一次，同时缓慢地深呼吸。

（3）在拍肩和呼吸的过程中，想象那些让你感到温暖、安全、舒适的画面或场景，比如美丽的自然风光、与朋友家人的温馨时光等。

（4）持续做3~5分钟，直到感觉自己的身体和情绪逐渐放松下来。

● 在做蝴蝶拥抱时，要专注于当下的感受和体验，不要被外界的干扰所影响。

● 如果在过程中出现不舒服的感觉，可以随时停止。

● 可以将蝴蝶拥抱作为日常的减压练习，随时随地进行。

## （四）艺术疗法

通过参与各种艺术创作活动，如绘画、手工、音乐、写作等，来表达情感、释放压力、放松身心。艺术疗法可以帮助人们释放潜意识中的情感和冲突，提高自我认知和自我表达能力，促进心理整合和人格发展。艺术创作过程中的专注和投入可以让人进入一种心流状态，忘却外界的压力和烦恼，达到放松身心的效果。以下是常见的几种艺术创作方法：

（1）绘画。准备好绘画工具，如彩铅、水彩、油画颜料等，选择一个主题或自由发挥，将自己的想法和感受通过画面表达出来。可以选择写实的绘画风格，也可以选择抽象的绘画风格，没有绘画基础也没关系，重要的是享受创作的过程。

（2）手工。如折纸、陶艺、编织、刺绣等。选择一种你感兴趣的手工活动，按照教程或自由发挥制作出相应的作品。在制作过程中专注于手中的材料和动作，让自己沉浸在创作中。

（3）音乐。弹奏乐器、唱歌、创作音乐等。如果你会乐器，可以弹奏自己喜欢的曲子；如果不会，也可以跟着音乐唱歌；或者尝试使用音乐创作软件，创作属于自己的音乐。

（4）写作。写日记、散文、诗歌、小说等。将自己的经历、感受、想法用文字记录下来，也可以发挥想象力，创作虚构的故事。

● 在进行艺术创作时，不要过于追求完美，重要的是表达自己的内心感受。

● 如果在创作过程中遇到困难或挫折，不要轻易放弃，坚持下去，你会发现自己的进步和收获。

● 可以将自己的艺术作品展示给他人或与他人分享创作过程，获得反馈和支持。

## 二、情绪调节技巧

### （一）情绪日记

通过记录情绪日记，可以帮助你更好地了解自己的情绪模式和触发因素，从而更好地调节情绪。情绪日记是一种认知行为疗法的技术，通过记录和反思情绪，可以帮助我们改变不良的思维模式和应对方式，提高情绪调节能力。操作方法如下。

（1）准备一个笔记本或使用电子日记应用软件，每天在固定的时间记录自己的情绪。记录的内容包括情绪发生的时间、地点、事件、当时的感受和想法、情绪的强度（如 1~10 分）等。

（2）在记录情绪的同时，尝试分析情绪产生的原因和影响因素。例如，是因为工作压力、人际关系、个人目标未达成，还是其他原因导致了这种情绪。

（3）针对每种情绪，思考一些应对和调节的方法，并记录下来。

例如，当感到焦虑时，可以通过深呼吸、冥想、运动等方式来缓解；当感到愤怒时，可以先暂时离开现场，冷静下来后再进行沟通等。

● 要坚持每天记录，至少持续 2~3 周，才能更好地了解自己的情绪模式。

● 在记录和分析情绪时，要保持客观和诚实，不要回避或否认自己的负面情绪。

● 定期回顾自己的情绪日记，总结情绪调节的经验和教训，不断改进自己的情绪管理方法。

## （二）焦虑清单

当你感到焦虑时，可以通过制作焦虑清单来梳理自己的焦虑情绪和问题。焦虑清单可以帮助我们将模糊的焦虑情绪具体化、可视化，从而更好地理解和应对焦虑。操作方法如下。

（1）准备一张纸和一支笔，找一个安静的地方坐下。

（2）将当前感到焦虑的事情逐一写下来，包括工作任务、人际关系、未来发展等方面的问题。

（3）对于每一项焦虑的事情，分析其产生的原因和可能带来的后果。

（4）针对每一项焦虑的事情，思考一些应对的策略和方法并写下来。

（5）按照重要性和紧急程度对焦虑清单上的事情进行排序，先集中精力解决最重要、最紧急的问题。

● 在制作焦虑清单时，要尽量详细和具体，不要遗漏重要的信息。

● 要定期回顾和更新焦虑清单，检查问题的解决进度和新的焦虑来源。

● 将焦虑清单放在显眼的地方，提醒自己关注和解决焦虑问题。

### （三）五感着陆技术

五感着陆技术是通过关注自己的视觉、听觉、嗅觉、味觉和触觉来帮助自己从焦虑、紧张等负面情绪中回到当下，达到放松和平静的状态。五感着陆技术通过将注意力集中在当下的感官体验上，可以帮助我们中断负面情绪的循环，让大脑从焦虑的思维中解脱出来，重新回到现实世界。

（1）视觉：环顾四周，选择看到的5件物品，仔细观察它们的颜色、形状、大小、质地等细节。

（2）听觉：仔细聆听周围的声音，找到5种你能听到的声音，如钟表的滴答声、窗外的鸟鸣声、空调的嗡嗡声等。

（3）嗅觉：闻一闻周围的气味，找到5种你能闻到的气味，如花香、咖啡香、书本的油墨味等。

（4）味觉：品尝一下嘴里的味道或者想象一种喜欢的食物的味道，描述一下这种味道。

（5）触觉：感受一下自己身体与周围物体的接触，找到5种你能感觉到的触觉，如衣服的质感、座椅的硬度、微风拂过皮肤的感觉等。

● 在进行五感着陆技术时，要专注于当下的感受，不要被其他思绪干扰。

● 可以根据自己的实际情况，灵活调整每个感官关注的内容和顺序。

● 可以在感到焦虑、紧张或情绪低落时，随时使用五感着陆技术。

### （四）积极的自我暗示

积极的自我暗示是通过给自己正面的心理暗示来改变思维方式和情绪状态。积极的自我暗示可以改变我们的潜意识思维，增强自信心和自我效能感，从而影响我们的情绪和行为。操作方法如下。

（1）用积极、肯定的语言对自己进行暗示，如"我是有能力的""我可以应对这个挑战""我今天会过得很愉快"等。可以将这些暗示语写下来，贴在显眼的地方，或者在心里反复默念。

（2）在遇到困难或挫折时，及时进行积极的自我暗示。例如，当你在工作中犯了错误，不要责备自己，而是告诉自己"这次错误是一次学习的机会，我下次会做得更好"。

（3）想象自己成功应对了困难、实现了目标的场景，从而增强自我暗示的效果。

● 自我暗示的语言要简洁、明确、具体，具有可操作性。

● 要相信自我暗示的力量，坚持进行积极的自我暗示。

● 每天早上起床后和晚上睡觉前，进行积极的自我暗示练习。

### 三、睡眠改善技巧

#### （一）建立规律的睡眠时间表

建立规律的睡眠时间表有助于调整生物钟，提高睡眠质量。人体的生物钟受光线、温度、饮食等因素的影响。通过建立规律的睡眠时间表，可以帮助身体建立稳定的睡眠－觉醒节律，提高睡眠质量。操作方法如下。

（1）确定每天的上床睡觉时间和起床时间，即使在周末和节假日也尽量保持一致。例如，你可以规定自己每天晚上11点上床睡觉，早上7点起床。

（2）每天按照固定的时间进行睡前准备，如洗漱、阅读、听轻音乐等，让身体逐渐进入睡眠状态。

（3）坚持按照睡眠时间表执行，一般2~3周后，生物钟就会调整到适应新的作息时间。

● 睡前1~2小时内尽量避免使用电子设备，如手机、电脑、电视等，因为电子设备发出的蓝光会抑制褪黑素的分泌，影响睡眠。

● 不要在床上做与睡眠无关的事情，如工作、学习、看电视等，让床与睡眠建立起紧密的联系。

● 如果你在刚开始执行睡眠时间表时难以入睡，可以尝试一些放松技巧，如深呼吸、冥想、渐进性肌肉放松等。

## （二）矛盾意念入睡

矛盾意念法的原理是基于心理学中的逆反心理现象。当我们努力想要达成某个目标（如入睡）却遇到阻碍时，这种强烈的意愿反而会增加焦虑和压力，使得目标更难实现。而当我们反转目标，不再强求入睡，这种对入睡的焦虑和压力反而会减轻，使得身体能够在更为放松的状态下自然地进入睡眠。操作方法如下。

（1）当你躺在床上努力入睡却发现因焦虑而无法入睡时，不要强迫自己入睡，而是试着反过来，保持清醒的状态。

（2）您可以在心里告诉自己："我不要睡觉，我要保持清醒。"集中精神去尝试保持清醒，尽可能地睁开眼睛，不要让自己有入睡的念头。

（3）可以在尝试几次后，根据自己的体验和效果来调整使用的频率和时机。

● 运用矛盾意念法时，要真正投入到"保持清醒"的想法中，而不是一边想着保持清醒，一边还在期待着入睡。

● 这个方法需要你放松心态去执行，如果过于刻意或紧张，可能会影响效果。

● 如果一段时间后仍没有效果，可能需要结合其他的助眠方法。

### （三）"4-7-8"呼吸法

"4-7-8"呼吸法通过调节呼吸频率和深度，刺激副交感神经系统，降低心率和血压，使身体进入放松状态，从而有助于缓解焦虑，促进睡眠。每天可以在睡前30分钟开始练习，让身体逐渐适应这种呼吸节奏，形成条件反射，帮助入睡。操作方法如下。

（1）选择一个安静、舒适的环境，专注于呼吸，避免外界干扰。

（2）躺在床上，全身放松，将舌尖轻抵上颚。

（3）用鼻子轻轻吸气，在心里默数4秒钟。

（4）屏住呼吸，在心里默数7秒钟。

（5）用嘴缓缓呼气，发出呼气的声音，持续8秒钟。

（6）重复上述步骤，每次练习4~8组。

● 整个过程中，呼吸要尽量深、长、匀，让气息充分进出身体。

● 呼气时，要控制好速度，尽量缓慢而平稳地将气息呼出。

● 在练习过程中，如果感到头晕或不适，应停止练习，调整呼吸恢复正常后再尝试。

### （四）睡眠限制疗法

通过限制在床上的时间，提高睡眠效率，改善睡眠质量。睡眠限制疗法通过减少在床上的非睡眠时间，增加睡眠的驱动力，从而提高睡眠效率和质量。操作方法如下。

（1）记录一周的睡眠日记，包括每天的上床时间、入睡时间、醒来时间、起床时间和夜间醒来次数等。

（2）根据睡眠日记计算平均睡眠时间（最后醒来时间 - 入睡时间）和睡眠效率（睡眠时间 ÷ 在床上的时间 × 100%）。

（3）设定上床时间和起床时间，上床时间为平均睡眠时间加上15~30分钟，起床时间固定不变。例如，如果你平均睡眠时间为6小时，那么上床时间可以设定为晚上 12 点，早上 7 点起床。

（4）严格按照设定的时间上床睡觉和起床，即使在夜间醒来也不要过早起床，白天不要午睡或补觉。

（5）根据每周睡眠效率调整上床时间，如果睡眠效率达到 85%以上，可将上床时间提前 15~30 分钟；如果睡眠效率低于 80%，则将上床时间推迟 15~30 分钟。

● 在执行睡眠限制疗法的初期，可能会出现睡眠不足的情况，但随着时间的推移，睡眠效率会逐渐提高，睡眠时间也会逐渐延长。

● 在实施睡眠限制疗法期间，避免摄入咖啡因、酒精等刺激性物质，保持规律的生活作息和良好的睡眠环境。

● 不要自行随意中断练习，需要坚持一段时间才能看到效果。

第三节

# 心理健康测量工具

▼

## 一、心理测量对企业管理的意义

心理测量工具是企业了解员工心理状态的有效手段，能及时发现员工心理问题，为干预治疗提供依据，预防问题恶化，保障员工心理健康；此外，心理测量还可助员工了解自身心理特点，引导其自我调整提升，增强心理适应与韧性。同时，定期测量能营造企业关注心理健康的氛围，提高员工归属感和工作满意度。

在人力资源管理中，心理测量工具价值显著。招聘选拔时，它可筛选出契合岗位与企业文化的人才，提高招聘的准确性，降低成本和人员流失的风险。在培训发展方面，心理测量工具能依据员工心理特质和能力水平帮助其制订个性化的方案，促进其职业发展。在绩效管理中，它可以帮助了解员工的工作动力等，为绩效目标与考核标准制定、绩效改进提供参考。

## 二、心理测量的使用情境

（1）招聘与选拔：招聘新员工时，运用心理测量工具评估应聘者，筛选出适合岗位心理特质和能力的人员。

（2）员工晋升与调配：考虑员工晋升或岗位调配时，通过心理测量了解相关能力和倾向，为决策提供依据。

（3）心理健康普查：定期普查全体员工心理健康，及时发现潜在问题和风险，及时采取干预措施。

（4）职业发展规划：制定职业发展规划时，借助心理测量了解员工特性，提供个性化发展建议。

（5）压力管理与干预：员工面临压力或职业倦怠问题时，用心理测量评估其状态，制定管理与干预方案。

## 三、进行心理测量的注意事项

### （一）专业资质与培训

使用者需要具备专业知识和技能，经培训考核，掌握实时测量、评分与解读方法，确保结果准确可靠。

### （二）伦理与保密原则

严格遵守伦理道德和保密原则，保护员工的隐私和权益，结果仅用于内部管理决策，不得外泄。

### （三）常模与文化适应性

在解读测量结果时，要考虑工具的常模和文化适应性。如果使用的是国外引进的心理测量工具，应进行本土化修订和验证，确保其在中国企业员工群体中的有效性和适用性。

### （四）综合评估与多方法验证

心理测量结果只是参考，不能仅凭单一的测量结果做出决策。应结合员工的工作表现、同事评价、上级反馈等多方面信息进行综合评估。

## 四、企业心理测量实用工具

下面是在企业员工心理测量和评估中比较常用的实用工具。

## （一）明尼苏达多相性人格量表（Minnesota Multiphasic Personality Inventory，MMPI）

该量表是应用极广、颇具权威性的人格测验，问卷的制定方法是分别对健康人群和精神病患者人群进行预测，以确定两类人群显著不同的反应模式，因此该测验常用于鉴别精神疾病。

该量表可用于员工入职心理筛查，了解员工的人格特征和潜在的心理问题，以便更好地进行岗位匹配和职业规划；也可用于对出现工作压力、职业倦怠等问题的员工进行心理评估。比如，在招聘销售人员时，通过MMPI了解应聘者是否具有外向、自信、抗压能力强等人格特质。

## （二）症状自评量表（Symptom Checklist 90，SCL-90）

该量表是当前使用最为广泛的精神障碍和心理疾病门诊检查量表，包含有较广泛的精神病症状学内容，从感觉、情感、思维、意识、行为直至生活习惯、人际关系、饮食睡眠等，均有涉及。

该量表适用于企业员工的心理健康普查，帮助企业管理者及时发现员工群体中存在的心理问题和症状倾向；也可用于对个别员工的心理问题进行诊断和评估。在企业员工年度体检中加入SCL-90测试，了解员工整体的心理健康状况，为企业制定心理健康干预措施提供依据。

## （三）卡特尔16种人格因素测验（Cattell's Sixteen Personality Factor Questionnaire，16PF）

卡特尔16种人格因素测验是测量人格的16种根源特质，能够对个体的人格特征做出较为全面的测量和评估。

该量表可用于员工招聘和选拔，帮助企业了解应聘者的性格特点、职业兴趣和能力倾向，从而实现人岗匹配；也可用于员工的职业发展规划，根据员工的人格特质为其提供个性化的职业发展建议。对于企业内部准备晋升的员工，运用16PF了解其领导能力、团队合作能力、适应能力等人格特质，为晋升决策提供参考。

## （四）艾森克人格问卷（Eysenck Personality Questionnaire，EPQ）

该量表由英国心理学家汉斯·艾森克（Hans Eysenck）编制，通过问卷形式测量个体在内外向、神经质和精神质三个维度上的人格特征。

该量表在员工招聘中，可以帮助企业筛选出性格适合特定岗位的人才；在员工职业发展中，可以为员工提供个性化的职业发展指导和建议。对于需要经常与外界沟通和协作的市场岗位，选择外向性较高、情绪稳定性较好的员工；对于需要专注于数据分析和研究的岗位，选择内向性较高、情绪稳定性较好的员工。

## （五）中文版压力知觉量表（Chinese Perceived Stress Scale，CPSS）

压力知觉量表是当前被广泛应用于评估压力状况的有效工具，涵盖个体在紧张感和失控感等方面的内容，涉及生理和心理的紧张状态以及对生活事件的掌控感受等。

该量表适用于企业员工的压力状况普查，帮助企业及时了解员工所承受的压力程度；也可用于对个别员工的压力问题进行诊断和评估。企业在开展员工心理健康促进项目时引入压力知觉量表测试，能准确把握员工的压力水平，为企业制定针对性的压力管理干预措施提供有力的依据，如开展压力管理培训、提供放松技巧指导、组织减压活动等，助力员工有效应对压力，提升其工作状态和生活质量。

## （六）职业倦怠量表（Maslach Burnout Inventory-General Survey，MBI-GS）

职业倦怠量表是专门用于测量员工情绪衰竭、去人格化和个人成就感降低三个维度的评估工具。

该量表适用于企业定期监测员工的职业倦怠水平，及时发现存在职业倦怠风险的员工，并采取相应的干预措施；也可用于评估企业的工作环境和管理方式对员工职业倦怠的影响。企业可在每年的年中和年底分别对员工进行 MBI-GS 测试，并根据测试结果为员工提供心理调适培训、工作时间调整、工作内容优化等干预措施。

## （七）焦虑自评量表（Self-Rating Anxiety Scale，SAS）

该量表用于测量焦虑状态轻重程度及评估其在治疗过程中的变化情况。

企业在员工面临重大项目、工作压力增大等情况下，使用 SAS 对员工的焦虑状态进行评估，及时为员工提供心理支持和帮助；也可用于对患有焦虑症的员工进行治疗效果的评估。在项目攻坚阶段，可以每周对项目团队成员进行 SAS 测试，了解员工的焦虑水平，为员工提供心理辅导和放松训练。

## （八）抑郁自评量表（Self-Rating Depression Scale，SDS）

该量表直观地反映抑郁患者的主观感受及其在治疗中的变化。

该量表用于企业员工心理健康普查，及时发现有抑郁倾向的员工，并给予相应的心理支持和治疗建议；也可用于评估员工在经历重大生活事件或工作挫折后的心理状态。企业在员工经历裁员、工作调动等事件后，使用 SDS 对员工的抑郁状态进行评估，为员工提供心理咨询和支持。

## （九）生活事件量表（Life Event Scale，LES）

生活事件量表用于对精神刺激进行定性和定量评估，了解个体在一段时间内经历的生活事件及其对个体心理的影响程度。

该量表可帮助企业了解员工在工作和生活中所面临的压力源和应激事件，为企业制定个性化的心理支持和压力管理方案提供依据；也可用于评估心理干预措施的效果。企业在新员工入职后的一个月内使用 LES 量表，了解新员工在入职前后所经历的生活事件和压力，为新员工提供针对性的入职培训和心理辅导。

## （十）社会支持评定量表（Social Support Rating Scale，SSRS）

此量表可了解个体的社会支持状况，包括客观支持、主观支持和对支持的利用度三个维度。

企业可以通过该量表了解员工的社会支持系统，为员工提供必要的社会支持资源，提高员工的心理韧性和应对压力的能力；也可用于评估企业的团队氛围和企业文化对员工的支持程度。企业定期对员工进行 SSRS 测试，根据测试结果组织团队建设活动、建立员工互助小组、完善员工福利制度等，提高员工的社会支持水平。

## （十一）心理韧性量表（Connor-Davidson Resilience Scale，CD-RISC）

心理韧性量表用于测量个体的心理韧性水平，包括坚韧、自强和乐观三个维度。

在员工招聘和选拔中，心理韧性量表可帮助企业筛选出心理韧性较强的人才；在员工培训和发展中，帮助企业了解员工的心理韧性状况，为员工提供心理韧性提升培训；也可用于评估企业的心理健康促进项目对员工心理韧性的提升效果。企业在新员工入职培训中加入 CD–RISC 测试，根据测试结果对心理韧性较低的员工进行专项培训，提高其心理韧性水平，使其更好地适应工作环境和应对工作挑战。

第九章

# 助人篇：赠人玫瑰，手有余香

———————◇♡◇———————

第一节
# 管理者：建立健康友好的企业心理环境

▼

## 一、管理新课题：职场心理健康

企业管理者们日常着重于战略规划、组织架构、业务拓展、绩效提升等管理范畴。而近些年，面临商业环境变化和市场竞争激烈等诸多影响，企业发展面临着诸多挑战，员工也承受着巨大的工作压力。在这种背景下，员工的心理健康问题逐渐凸显，管理者们也清晰地意识到员工心理健康也需纳入企业管理的重要框架。

员工的心理健康状况对企业的整体绩效、团队凝聚力和组织文化产生着深远的影响。将心理健康管理纳入企业日常管理工作，不仅能够提升员工的工作效率和工作质量，还有助于增强员工的归属感和忠诚度，有效减少员工的人际冲突和矛盾。拥有一支心理健康的员工队伍，就如同拥有坚实内核的战斗堡垒，能够更好地应对工作中的挑战和压力。同时，良好的心理健康环境也有利于塑造良好的企业形象，更容易吸引优秀人才的加入，提升企业在市场上的竞争力和社会声誉，为企业的可持续发展奠定坚实基础。

对员工个人而言，心理健康不仅深刻地影响着他们的工作效率，还在其职业发展道路以及整体生活质量方面起着至关重要的作用。当员工拥有健康的心理状态时，他们能够以积极饱满的热情投入到工作中，思维敏捷、精力充沛，从而极大地提升工作效率。并且，良好的心理状态能够帮助员工更好地应对职业发展过程中的各种挑战与机遇，清晰地规划职业路径，不断挖掘自身潜力，实现职业目标。此外，健康的心理状态还有助于员工保持积极乐观的生活态度，合理平衡工作与生活之间的关系，从而有效提升生活的整体质量。

相反，如果员工存在心理问题，那么企业将会面临诸多棘手的问题。心理问题可能导致员工缺勤事件频繁发生，使得企业的正常工作秩序受到干扰，工作进度受阻；心理压力过大可能使员工在工作中注意力不集中，精神恍惚，从而增加工作失误的概率，影响工作质量和工作成果；心理问题还可能引发员工之间的人际冲突，破坏团队和谐的工作氛围，降低团队凝聚力和协作效率；更为严重的是，长期的心理问题如果得不到有效的疏导和解决，可能导致员工出现离职的情况，这不仅会造成企业人才的流失，还会增加企业招聘和培训的成本，给企业带来巨大的经济损失和管理挑战。

这就给企业管理者带来了新的课题：如何关注员工的心理健康状况、如何营造健康积极的工作氛围、如何建立有效的心理支持体系等。这些都成为管理者需要深入思考和探索的重要问题。管理者需要认识到，员工的心理健康已经不再是一个可有可无的软性指标，而是关乎企业生存和发展的关键因素。只有重视员工心理健康管理，积极采取有效措施，才能打造出一支健康、高效、富有创造力和凝聚力的员工队伍，为企业的可持续发展奠定坚实的基础。

## 二、诊断企业心理症结及制订应对方案

在企业中，管理者需要了解一些常见的职场心理问题，以便更好地把握员工的心理状态和企业心理健康的基本情况。本书中的诸多案例提及了几种职场人士高发的心理及情绪问题。

（1）工作压力问题。员工长期在高强度、高负荷的工作状态下

产生的焦虑、抑郁、疲劳、易怒、注意力不集中等。

（2）职业倦怠问题。表现为员工对工作热情与动力丧失，感到疲惫、沮丧、无助，工作效率降低，职业发展迷茫，以及出现迟到、早退、旷工等行为。

（3）人际关系问题。如员工之间、员工与上级或下属之间的沟通障碍、冲突、嫉妒、排挤等，影响团队合作与工作氛围。

（4）焦虑和抑郁问题。员工过度担忧、紧张、恐惧，情绪低落、兴趣减退、自我评价降低，严重时伴有睡眠问题、饮食问题和身体疼痛等躯体症状。

（5）心理危机与创伤问题。企业内外部的重大突发事件，如裁员、重大安全事故、自然灾害等，可能给员工带来心理危机与创伤。员工可能会出现创伤后应激障碍（Post-Traumatic Stress Disordors，PTSD）的症状，如反复回忆创伤事件、噩梦、回避与创伤相关的刺激、情绪麻木、过度警觉等，这些问题将会严重影响员工的心理健康和工作生活。

这些都可能是影响企业运营和员工健康的潜在危险因素，因此，管理者需要高度重视，积极采取行动加以应对，不仅要对内优化管理方式与制度，还要善于向外寻找资源支持，多管齐下解决问题，守护企业与员工的心理健康。

## （一）在企业内部采取一些优化行动

### 1. 工作任务与资源管理

合理分配工作任务，根据员工的能力和特点安排工作，避免任务过度集中在某些员工身上，确保工作的均衡性和合理性。同时，为员工提供必要的资源支持，包括人力、物力、财力等方面的支持，帮助员工更好地完成工作任务，提高工作效率。

### 2. 职业发展与培训支持

为员工提供多元化的职业发展路径，制定个性化的职业发展规划，帮助员工明确职业发展方向和目标；定期组织内部培训和学习活动，提升员工的专业技能和综合素质，鼓励员工不断学习和成长，增强员工的职业竞争力。

### 3. 团队建设与文化营造

加强团队建设，定期组织团队活动，如团队拓展、户外徒步、聚餐等，增强团队凝聚力和员工之间的信任与合作。着力于营造积极健康的企业文化，倡导以人为本的管理理念，关注员工的身心健康和职业发展，让员工在企业中感受到尊重和关爱。

### 4. 沟通与关怀机制

建立畅通的沟通渠道，定期与员工进行一对一的沟通和交流，了解员工的工作和生活情况，倾听员工的心声和需求；关注员工的情绪变化，及时发现问题并给予关心和支持，对于出现心理问题的员工，提供必要的心理辅导和帮助。

### 5. 设立心理健康活动室

在企业内部设立专门的心理健康活动室，配备心理减压设备、心理咨询书籍、心理测试工具等，为员工提供一个放松身心、缓解压力的场所。比如，设置冥想室、瑜伽室、按摩椅、宣泄室等，让员工在工作之余能够放松心情，调整状态。

## （二）在进行内部改进的同时加强对外资源的连接和引入

### 1. 建立员工心理援助计划（EAP）

EAP是一项为员工提供心理支持和帮助的系统项目，包括心理咨询、心理评估、危机干预、培训课程等内容。通过EAP，员工可以免费获得专业的心理服务以解决工作和生活中遇到的心理问题。企业可以与专业的EAP服务机构合作，为员工提供24小时心理咨询热线、面对面心理咨询、网络心理咨询等服务；定期对员工进行心理评估，及时发现潜在的心理问题，并提供相应的干预措施。

### 2. 邀请专家顾问参与心理健康管理和行动

如果企业暂时不考虑通过机构合作建立 EAP，则可以聘请心理健康专家作为企业的顾问，为企业的心理健康管理工作提供专业的指导和建议，制订符合企业实际情况的心理健康管理方案。或者定期邀请专业的培训师为员工提供心理健康知识讲座、心理减压课程、情绪管理培训等，帮助员工了解心理健康知识，掌握心理调节和压力管理的方法和技巧。还可以邀请专业心理咨询师定期到企业为员工提供心理咨询和辅导服务，帮助员工解决心理问题。

### 3. 加强心理健康相关的外部交流和学习

管理者可以与其他企业的管理者进行交流和学习，分享心理健康管理的经验和案例，借鉴他人的成功经验和做法，不断优化企业的心理健康管理工作。人力资源或员工健康相关部门的负责人，也可以参加行业内的心理健康研讨会和培训课程，了解最新的心理健康管理理念和方法，提升自身的心理健康管理水平。


## 三、管理者的自我心理调适

作为管理者，在关注员工心理健康的同时，也要注重自身的心理调适。管理工作往往面临着巨大的压力和挑战，如果不能及时、有效地处理好自己的情绪和压力，不仅会影响自身的工作效率和职业发展，也会对团队成员产生负面影响。

### （一）认识和接纳自己的情绪

管理者要学会觉察自己的情绪变化，认识到情绪是一种正常的生理和心理反应，不要压抑或逃避自己的情绪。例如，当面对工作中的压力和挑战时，管理者可能会感到焦虑、愤怒或沮丧，这时候要承认自己的情绪，并尝试理解情绪产生的原因。

## （二）运用有效的情绪调节方法

管理者可以通过运动、冥想、呼吸训练、与朋友倾诉等方式来调节自己的情绪，缓解压力。比如，可以每天抽出 30 分钟进行有氧运动，如跑步、游泳、瑜伽等；或者在工作间隙进行深呼吸练习，放松身心；遇到问题时，及时与同事、朋友或家人交流，寻求支持和建议。

## （三）不断学习和提升自己的管理能力

管理者要不断学习和掌握先进的管理理念和方法，提高自己的沟通、协调、决策等能力，增强自己的心理韧性和应对压力的能力。例如，参加管理培训课程、阅读管理书籍、向优秀的管理者请教等，不断提升自己的综合素质和管理水平。

第二节
# 职场人：帮助有情绪问题的同伴

在职场中我们每个人都不是孤立的个体，而是相互联系、相互影响的整体。同事们不仅是工作上的合作伙伴，更是生活中的朋友。在这个充满挑战和压力的工作环境中，每个人都有可能遇到情绪问题。当我们身边的同事出现这些问题时，我们的关心、支持和帮助可能会成为他们走出困境的重要力量。

## 一、关注身边同事的情绪变化

在职场中，我们每天都与同事们相处，一起度过大量的时间，我们最有机会第一时间发现他们的情绪变化。情绪是内心状态的外在表现，它就像一个信号灯，能够反映出一个人的心理状态和需求。当同事出现情绪低落、焦虑、易怒、沉默寡言等异常表现时，这可能是他们正在经历困难或压力的信号，我们要适当给予关注和关心，可以主动询问他们是否遇到了问题。

比如，在午餐时，你可以坐在情绪异常的同事旁边，轻声地说："最近感觉你情绪有点低落，是不是工作上或者生活上遇到了什么困难，愿意和我聊聊吗？"通过这样的方式，让同事感受到你的关注和关心，打开他们倾诉的心扉。

然而，在关注同事情绪变化的过程中，我们也要注意方式方法，尊重同事的个人空间和隐私。不要过于突兀或者过于频繁地询问，以免给同事带来压力或者反感。要选择合适的时机和场合，以自然、真诚的方式表达你的关心。

## 二、倾听和理解同事的感受

当同事愿意向你倾诉时，这是建立信任和提供帮助的重要契机。此时，要给予他们充分的倾听和理解，这是对他们最大的支持。倾听不仅仅是用耳朵听，更是用心去感受。在同事倾诉的过程中，不要打断他们的话，不要急于给出建议或评价，而是让他们完整地表达自己的想法和感受。

用心去感受他们的情绪和想法，让他们感受到你的关心和支持。比如，你可以用眼神交流、点头、适当的表情和语言来回应同事。当同事说到工作压力太大导致经常失眠时，你可以看着他们的眼睛点头表示认同，说："我能理解你的感受，工作压力太大确实会让人身心俱疲。"

在倾听的过程中，要保持专注和耐心，不要被其他事情分散注意力。让同事感受到你全身心地投入到他们的问题中，让他们知道他们不是独自面对困难。同时，也要避免在倾听的过程中表现出不耐烦或者不屑一顾的态度，这会让同事感到更加受伤和孤立无援。

## 三、提供实际的帮助和支持

在了解同事的问题后，我们要根据实际情况提供一些实际的、力所能及的帮助和支持。每个人的问题和需求都不同，因此我们的帮助也需要因人而异、因事而异。比如，如果同事因为工作任务过重而感到压力过大，你可以主动帮忙分担一些工作，如整理资料、分析数据、撰写报告等，减轻他们的工作负担。

如果同事因为生活中的困难而影响工作，你可以提供一些资源和信息，帮助他们解决问题。比如，当同事的家人突然生病，需要照顾，而他们不知道如何安排工作和生活时，你可以帮助他们了解公司的请假政策和福利制度，或者提供一些医疗资源和信息，如医院的联系方式、医生的推荐、医保的报销流程等。

## 四、鼓励同事寻求专业帮助

如果同事的情绪问题比较严重，已经影响到了他们的工作和生活，仅仅依靠我们的关心和支持可能是不够的。在这种情况下，我们要鼓励他们寻求专业的心理帮助。专业的心理咨询师或心理医生具有专业的知识和技能，能够为他们提供更有效的治疗和支持。

可以向他们介绍企业内部的 EAP 服务、专业的心理咨询机构或者心理医生。比如，你可以通过网络搜索、朋友推荐等方式，为同事找到一些口碑好、信誉高的心理咨询机构或者心理医生，向他们介绍这些机构和医生的资质、经验、擅长领域等，让他们有更多的选择。

除此之外，支持或陪伴他们尽快采取行动去寻求帮助也非常重要。特别是对于那些对寻求专业帮助感到害怕或者犹豫的同事，我们可以给予他们更多的鼓励和支持。比如，你可以说："我认为你的情况可能需要专业的心理帮助，我知道一个非常好的公益心理援助电话021-962525，今天下班后你就可以拨打这个热线！"

## 五、营造更人性化的心理环境

在日常工作中，同事间建立良好的关系有助于营造一个温暖、包容、互相支持的工作氛围。在此基础上，也应倡导更科学、包容和人性化地看待心理问题和精神疾病。心理问题并非不可提及的禁忌，而是每个人都可能在某个阶段面临的挑战。当我们以科学的眼光去认知，就会明白心理问题的产生往往源于工作压力、生活变化、人际关系等多种因素，要摒弃对心理问题的偏见与误解，将其视为与身体疾病一样的正常现象。

当同事正在经历心理困境时，我们应给予理解与包容，而非冷漠对待或加以指责。一句温暖的问候、一个耐心的倾听，都可能成为他们心灵的慰藉。本书的第六章、第七章也详细地介绍了怎样帮助心理困境中的人。

创造一个充满关爱、尊重和信任的职场空间是每个企业成员的责任，也会让每一位工作者都成为获益人——能在其中安心工作、健康发展，为自己的健康发展和职场环境的和谐注入源源不断的动力。

第三节
# 如何寻求专业心理帮助和服务

▼

当你感觉自己的心理状态已经影响到了工作、生活和人际关系，或者长期处于焦虑、抑郁、压力过大等不良情绪中无法自拔时，寻求专业的心理帮助和服务可能是一个明智的选择。那么，作为职场人士，我们应该如何寻求专业的心理帮助和服务呢？下面将从"何时""何人""何地"三个方面详细介绍。

## 一、何时：什么时候需要专业的心理帮助

### （一）识别严重心理问题预警信号

在职场中，我们需要留意一些严重心理问题的预警信号，以便及时判断是否需要专业的心理帮助。

当情绪出现明显且持久的变化时，需要引起关注。例如，在职场里长期处于极度的焦虑、抑郁状态，情绪波动大，容易因工作上的事情无缘无故地发脾气、哭泣，或者对原本热爱的工作完全丧失兴趣。

睡眠和饮食习惯的显著改变也是一个重要信号。如果出现因工作压力导致严重的失眠、嗜睡，或者因为焦虑而食欲急剧下降、暴饮暴食等情况，可能意味着心理出现了问题。

此外，认知功能的变化也是预警信号之一。如果发现自己在工作中记忆力明显减退，注意力难以集中，工作效率大幅下降，频繁出现工作失误，无法按时按质完成工作任务等情况；或者出现决策能力下降，对自己的工作胜任力或对他人的认知出现偏差，如过度地自我否

定、怀疑同事或上级针对自己等，这些都可能是心理问题的表现。

还有，社交行为的改变也不容忽视。比如，在工作中突然变得孤僻，回避与同事的交流合作，不愿意参加职场社交活动，或者与同事、上级的关系变得紧张、冲突频繁等。

（二）评估问题严重程度和持续时间

除了识别预警信号，评估心理问题的严重程度和持续时间对决定是否寻求专业帮助同样重要。

一般来说，如果某种心理困扰或症状持续两周及以上，并且通过自我调节、朋友和家人的支持等方式仍无法缓解，那么这可能意味着问题已经超出了自己能够处理的范围。例如，如果因为职场上的竞争压力而产生的焦虑情绪持续两周以上，每天在工作时都感到心慌、坐立不安，无法集中精力处理工作；或者因职业发展瓶颈陷入抑郁状态持续两周以上，对工作失去热情和动力，每天都沉浸在消极的情绪中；再或者长期存在因职场上的人际关系导致的睡眠问题，连续两周以上入睡困难、多梦易醒、早醒等，这些情况都应该尽快寻求专业的心理帮助。

## 二、何人：哪些机构/人士可以帮助我

（一）精神卫生专科医疗机构

精神卫生专科医疗机构是专门致力于精神心理疾病诊断、治疗与康复的专业机构。这里配备了大批专业的精神科医生、心理治疗师、心理咨询师以及康复治疗师等。其主要诊疗范围包括：严重且复杂的心理问题，如长期严重的抑郁症、双相情感障碍、精神分裂症等重性精神疾病，或者心理问题已严重影响日常生活、工作和社

会功能的心理问题及精神疾病。

在这里，专业人员会对来访者的心理状态进行全面深入地评估诊断，并依据结果制定综合治疗方案，包括药物治疗、心理治疗、物理治疗以及康复训练等，帮助来访者调节大脑神经递质、探索问题根源、改变认知和行为模式、恢复社会功能。

## （二）综合医院精神心理科

综合医院的精神心理科是另一个可以寻求专业心理帮助的地方。精神心理科通常由专业的心理医生和精神科医生坐诊，他们具有丰富的临床经验和专业知识，可以为来访者提供心理评估、诊断和治疗服务。如果我们的心理问题比较严重，如患有抑郁症、焦虑症、强迫症等心理疾病，或者心理问题已经影响到了身体健康，那么就建议前往就诊。医生会根据来访者的症状进行详细的心理评估和诊断，然后制订相应的治疗方案，如药物治疗、心理治疗、物理治疗等。需要注意的是，医院就诊人数较多，需要提前预约挂号。

## （三）心理咨询机构

心理咨询机构是专门提供心理咨询服务的专业机构，通常由一批具有专业资质和丰富经验的心理咨询师组成。这些机构的咨询范围广泛，包括职场心理、情感问题、人际关系、心理压力、焦虑、抑郁等。我们可以通过网络搜索、朋友推荐、口碑评价等方式选择适合自己的心理咨询机构。

在选择心理咨询机构时，我们需要注意机构的资质和信誉。正规的心理咨询机构应该具有相关的营业执照和从业资质，咨询师也应该具有国家认可的心理咨询师证书或相关专业背景。此外，我们还可以了解机构的咨询流程、收费标准、保密制度等，选择一家放心和舒适的机构。

## （四）企业EAP服务

如果我们所在的企业为员工提供了EAP服务，那么可以充分利用这一资源。EAP服务通常包括心理咨询、心理培训、危机干预等内容，可以帮助员工解决工作和生活中遇到的各种心理问题。我们可以通过企业内部的宣传渠道了解EAP服务的具体内容和联系方式，然后根据自己的需求预约咨询服务。

## （五）精神科医师

可以在精神卫生专科医院、综合医院精神/心理科、社区卫生服务中心等医疗机构内找到。精神科医师的主要作用是提供诊断和药物治疗，部分医院提供物理治疗等。同时，精神科医师可以给出是否可以进行心理咨询与心理治疗的建议。

## （六）心理治疗师

心理治疗师需具备国家卫生专业技术资质，一般在精神卫生专科医院或综合性医疗机构的精神科、心理科、心身科等科室工作，与精神科医生合作，为患者提供心理治疗服务。心理治疗师的工作内容主要是运用专业的心理治疗理论和技术，帮助来访者治疗心理疾病、解决心理问题、改善心理状态、促进人格成长。

## （七）心理咨询师

心理咨询师主要在医疗机构之外提供心理咨询服务。我们可以通过心理咨询师的个人网站、社交媒体、咨询平台等了解咨询师的资质、咨询风格和擅长领域，然后选择一位与自己契合的咨询师进行咨询。心理咨询师可帮助来访者解决一般性心理问题，或进行自我探索、发展心理能力，增强抗挫折能力，从而达到缓解症状、促进心理成长的目的。

在选择专业及适合的心理咨询师时，应注意查看其是否具有专业资质证书，如国家二级心理咨询师、国家三级心理咨询师、注册心理师等；同时了解心理咨询师的从业经验，包括咨询时长、咨询案例数量、擅长的领域等，通过这些信息进行综合考量和选择。

## 三、何地：找到身边的帮助资源

### （一）精神卫生医疗机构

当我们感觉自己可能出现精神障碍，请尽快前往所在地的精神卫生专业机构就诊。在中国，各省、市基本都设有专业的精神卫生中心，擅长各类精神心理问题的诊断、治疗和康复工作，能够为病患提供精准的评估、有效的治疗方案和持续的疾病康复支持。

2022年7月，国家卫生健康委官网发布了《关于设置国家精神疾病医学中心的通知》，决定在北京市以北京大学第六医院和首都医科大学附属北京安定医院为联合主体设置国家精神疾病医学中心，在上海市和湖南省分别以上海市精神卫生中心、中南大学湘雅二医院为主体设置国家精神疾病医学中心，共同构成国家精神疾病医学中心。

#### 1. 北京大学第六医院

北京大学第六医院始建于1942年，是北京大学精神病学与精神卫生学的临床医疗、人才培训与科学研究基地，是世界卫生组织（WHO）北京精神卫生研究和培训协作中心，是中国疾病预防控制中心的精神卫生中心，是国家精神心理疾病临床医学研究中心、国家精神疾病医学中心的双中心医院。

#### 2. 首都医科大学附属北京安定医院

首都医科大学附属北京安定医院创建于1914年，是市属精神卫生医疗机构暨三级甲等专科医院，承担着医疗、教学、科研、预防、社会康复、司法鉴定等任务。医院是国家临床重点专科，历经百年积淀，在精神卫生领域具备深厚的专业实力和丰富的临床经验。

### 3. 上海市精神卫生中心

上海市精神卫生中心创立于1935年，是上海市三级甲等精神卫生专科医院及上海交通大学医学院附属医院。中心临床科室齐全，主要诊治精神分裂症、心境障碍、器质性精神障碍、儿童青少年及老年期精神障碍、神经症性障碍等各类精神障碍患者及药物依赖患者，拥有雄厚的科研实力，承担着大量国家级与省部级科研项目。同时，中心与多个世界知名精神卫生机构、科研团队建立广泛合作，积极引进先进的理念与技术，在国际精神卫生领域占据重要地位并拥有较高声誉。

### 4. 中南大学湘雅二医院

中南大学湘雅二医院始建于1958年，是中南大学的附属医院，素有"南湘雅"美誉，是一所集医疗、教学、科研、预防、保健、康复于一体的三级甲等综合医院，在复旦大学中国医院排行榜中，综合实力排名全国第13位。

## （二）综合医院心理门诊

除精神卫生中心外，很多省市地区的综合医院设有心理门诊，可以通过下面的方法和渠道进行查询。

### 1. 官方渠道

通过各地区的卫生健康委员会官方网站进行查询。这些官方网站通常会提供当地医疗资源的信息，包括设有心理门诊的综合医院。在网站上可以查找医院名录、科室介绍等内容，以确定哪些综合医院设有心理门诊。

### 2. 在线医疗服务平台

利用正规、有公信力的在线医疗服务平台，可以搜索所在地区的综合医院心理门诊，并查看医生评价和推荐。这些平台上的信息通常由患者和医生共同提供，具有一定的参考价值。同时，也可以通过平台预约挂号，方便快捷。

### 3. 社区卫生服务中心

向当地的社区卫生服务中心咨询也是一种有效的方法。社区卫生服务中心通常对周边的医疗资源比较了解，他们可以提供设有心理门诊的综合医院信息，甚至可以推荐一些口碑较好的医院和医生。

### 4. 拨打卫生热线

拨打当地的 12320 卫生热线，咨询设有心理门诊的综合医院及相关就诊信息。卫生热线的工作人员经过专业培训，能够为民众提供准确的医疗资源信息和就诊指导。

## （三）专业心理援助热线

当需要紧急的心理援助，或是需要心理支持时，可以拨打全国或当地的专业心理援助热线。"12356"是全国统一的心理援助热线号码，由国家卫健委主导设立，并于2025年1月1日起在多个地区正式开通，5月1日前推动全国统一使用。地区热线以上海市为例，上海心理热线"021-962525"是一条多家专业机构共同组建和实施的公益热线，为7×24小时全天候的服务模式，具有专业心理咨询资质的志愿者们轮流守护在电话这头，为电话那头的来电者们提供免费的心理服务。我们也可以通过查询信息或拨打12320卫生热线等方式，获取所在地的专业心理服务热线资源。

心理热线作为政府支持的公益热线，是为所有公众服务的。热线的基本属性有如下几点。

（1）为需要帮助的来电者提供公益性的、暂时性的、即刻的心理支持和帮助，与强调稳定咨访关系的、收费的、固定频率的面询有着本质差异。

（2）为有效服务更多公众，心理热线的接听时间一般为20~30分钟，特殊情况如涉及危机干预来电等，可以适当延长。

（3）心理热线的大部分志愿者来自专业卫生或者教育机构，多为兼职志愿服务。根据心理服务特定的工作设置，同时也为了保护来电者和热线接线员，心理热线无法按照来电者要求，承诺安排单一固定的热线接线员，也不会根据来电者的要求查询和提供热线接线员的相关信息。心理热线提醒来电者不以各种理由打听和索要热线接线员的私人联系方式。

（4）心理热线有着天然的、无法避免的局限性，无法为来电者提供病情诊断和药物咨询服务。心理援助的本质并非是解决或扭转客观问题，来电者应调整求助的期待。

（5）心理热线建议来电者关注自己当下的情绪和问题，在诸多问题中，来电者可以和接线员共同探讨，优选一个问题作为一次通话的重点讨论内容。

（6）心理热线的优势是能通过倾听和陪伴，及时帮助缺乏心理支持、面对困境采用习惯性的思维模式和应对方法均失效的来电者。对于长期存在的精神障碍、人格问题，超出心理援助热线的工作范围，来电者应到精神卫生专科机构就诊，或到专业的心理咨询机构进行长程面询。

（7）来电者在使用心理热线时应承担一定的义务，做到真诚、信任、尊重。

● 来电者应对来电内容负责。做到不夸大事实、不恶意骚扰、不违背法律法规。

● 如涉及自身或他人生命安全等事项，请予以配合留下地址和联络方式，配合相关部门进行危机干预或回访。

● 如被三位及以上不同接线员标示为恶意骚扰来电，经复核后，该来电的心理援助服务将被暂停。

● 对涉及需要医疗咨询、就诊预约等来电，推荐直接拨打相关医疗机构电话。各医疗卫生机构有相应的问题应答机制，如医疗机构有门诊办公室、各专业机构有总机电话，均可快速受理和处置公众提出的问题，我们建议公众充分利用各单位已经设置的问题反馈通道，这样可以保证其提出的诉求能够快速得到更准确的应答。

### （四）其他资源

（1）在线心理咨询平台。随着互联网的发展，在线心理咨询平台逐渐兴起。这些平台通过网络视频、语音、文字等方式为用户提供心理咨询服务，具有方便、快捷、隐私性好等优点，但在使用时要注意选择正规、安全、信誉好的平台。注册登录后，根据平台的提示选择心理咨询师，预约咨询时间，进行在线咨询。

（2）心理健康科普书籍。书籍具有随时获取、反复研读、成本低等优点。当我们遭遇情绪、人际、职业压力或自我认知问题时，心理健康书籍可帮助我们了解自我的心理状态形成机制，学习情绪调节、应对压力策略，提升自我认知和心理调适能力。挑选书籍时要注意查看作者背景，优先选择心理学家等专家所著书籍；关注出版信息，选知名出版社出版的书籍；参考读者评价和推荐；浏览目录和前言，了解主题、结构和内容，看是否契合需求等。

总之，作为职场人士，当我们遇到心理问题时，不要害怕和逃避，要及时寻求专业的心理帮助和服务。希望以上内容能够对您有所帮助，让您在职场中保持良好的心理状态，实现职业发展和个人成长。

# 结　语

———◇♡◇———

　　还记得在本书第一章我们认识的A企业和李女士吗？

　　转眼间，三年时光匆匆而过，其间疫情给世界带来了巨大的挑战。然而，李女士的三年计划却稳步推进，她不仅为员工们提供了坚实的心理支持，还成为企业内部一股温暖而坚定的力量，使A公司在逆境中更加团结和坚韧。李女士深知，在这个快节奏、高压力的时代，员工的"心智"生产力是企业最宝贵的财富之一。三年前，她亲自挂帅联合内外部共同启动了"心灵之旅"的心理健康计划。在她的带领下，一系列创新而贴心的举措在A公司有序开展。

　　通过外部专家团队，李女士在内部首先开展了心理健康认知的提升学习，通过全公司有计划地选拔种子选手参与培训，三年后公司每50位员工身边就有一位"心理健康大使"，"心理健康大使"的全员占比达到了6%。他们掌握了基本的心理健康常识，拥有情绪和压力调节的基本能力，对常见的心理疾病能够识别，也能充分了解公司内外的资源，在帮助自己的同时也为有需要的同事提供帮助，对于企业危机的发生起到积极的预防作用。

　　三年计划中，从心理健康俱乐部的成立，到"心灵伙伴"谈话运动，到"心理健康大使"主动发起内部心理活动，以及全员积极参与心理关爱活动，每一个细节都透露出企业对员工的深切关怀。谈话运动非常有效。"心理健康大使"通过发起身边的谈话，倾听、陪伴、帮助那些有需要的同事，安抚情绪，支持他们获得成长；如果发现有疾病的可能性，会转介到内部医务室获取更加专业的医疗资源的支持，包括由EAP提供的一对一咨询，以及建议在当地的精神专科医院就诊。现在每年由他们发起的主动谈话至少几十起，极大地帮助了身边有需要的同事，也起到了一定的早期预防的作用，谈话运动用倾听与陪伴驱散阴霾，让爱与希望在每个人心中生根发芽。

如今，"心理健康大使"自发组织的心灵读书会、电影赏析、心理剧、正念活动等极大地丰富了员工的业余生活，同时从认知、行为改变角度帮助员工提升心理健康的素养和应对能力。工作中，大家焦虑、抑郁、紧张、倦怠的情况减少了，组织也变得更加富有弹性。

"倾听陪伴谈话挺重要的，大家的压力和痛苦能不能被看见挺重要的。"回顾起这三年的经历，李女士感慨地说："自上而下的政策固然很重要，但是如何培养员工、让员工有意识、有热情去做这件事也很重要。有时候企业管理者希望能从投入中看到成效。我们正是做到了自上而下和自下而上的紧密结合，才取得了这些成效。"

A公司的案例成果令人欣喜和鼓舞。我们的联合团队还在深入实践，未来希望能够帮助越来越多的企事业单位在心理健康促进的工作中拨云见日，让"心理领导力"成为企业航行的新引擎，引领团队穿越挑战的风浪，激发潜能，凝聚共识，助力企事业单位稳健前行，开创辉煌篇章，同时也为国家"健康中国2030"计划添砖加瓦。

# 参考文献

◇♡◇

［1］林语堂.苏东坡传［M］.张振玉，译.长沙：湖南文艺出版社，2024.

［2］莎伦·伦德·奥尼尔，埃尔沃德·N.查普曼.职场人际关系心理学［M］.石向实，郑莉君，等译.北京：中国人民大学出版社，2012.

［3］张海音，仇剑崟.医学心理学［M］.上海：上海交通大学出版社，2015.

［4］郝伟，等.精神病学［M］.北京：人民卫生出版社，2018.

［5］国家卫生健康委.精神障碍诊疗规范（2020年版）［S］.北京：科学出版社，2020.

［6］吉尔·哈森，唐娜·巴特勒.职场心理健康：提升职场幸福感的实用指南［M］.杨文彪，李屹，译.北京：电子工业出版社，2021.

［7］钱铭怡.心理咨询与心理治疗［M］.北京：北京大学出版社，2016.

［8］顾瑜琦，孙宏伟.心理危机干预［M］.北京：人民卫生出版社，2013.

［9］K.T.斯托曼.情绪心理学［M］.王力，译.北京：中国轻工业出版社，2006.

［10］保罗·艾克曼.情绪的解析［M］.杨旭，译.海口：南海出版社，2008.

［11］盖伊·温奇.情绪急救：应对各种日常心理伤害的策略与方法［M］.孙璐，译.上海：上海社会科学出版社，2015.

［12］丹尼尔·戈尔曼.情商：为什么情商比智商更重要［M］.杨春晓，译.北京：中信出版社，2018.

［13］台北市卫生局.职场心理健康促进员工协助方案手册（批发及零售产业版）［EB/OL］.（2019-12-25）［2024-06-30］.https：//mental-health.gov.taipei/

News_Content.aspx?n=57D75B07D8CE0830&sms=26E71CA15CC1FDF4&s=72

3BA9DF73B2F6F1.

［14］台北市卫生局.《职场心理健康促进员工协助方案手册》［EB/OL］.（2018-

10-15）［2024-06-30］.https：//www-ws.gov.taipei/Download.ashx?u=LzAwMS

9VcGxvYWQvNjk1L3JlbGGZpbGUvNDY0NjIvNzkzkzNDUwMC8xYjNlOGJkMy1kM

TU1LTQzYzAtOTk2OS0wMmQ2MzhlOTk3MGUucGRm&n=6IG35aC05b%2bD5

5CG5YGl5bq35L%2bD6YCy5ZOh5bel5Y2U5Yqp5pa55qGI5omL5YaKLnBkZi5

wZGY%3d&icon=.pdf.

［15］Melinda Smith，M.A. &Lawrence Robinson，Suicide Prevention，https：//www.

helpguide.org/articles/suicide-prevention/suicide-prevention.htm，2024.

# 附 录

# 心理健康状态自测工具

———————— ◇♡◇ ————————

以下各量表仅作为读者自我心理健康监测的辅助工具，详细情况还请咨询心理咨询师或医生。

## 一、抑郁情绪自评

请尝试回忆自己最近两个星期的状况，并在每个条目中对应的频率上打"√"。

| 最近两个星期里，您有多少时间受到以下问题的困扰 | 完全不会 | 几天 | 一半以上日子 | 几乎每天 |
|---|---|---|---|---|
| 1. 做事时觉得没意思或只有少许乐趣 | 0 | 1 | 2 | 3 |
| 2. 感到心情低落、沮丧或绝望 | 0 | 1 | 2 | 3 |
| 3. 入睡困难、很难熟睡或睡太多 | 0 | 1 | 2 | 3 |
| 4. 感觉疲劳或无精打采 | 0 | 1 | 2 | 3 |
| 5. 胃口不好或吃太多 | 0 | 1 | 2 | 3 |
| 6. 觉得自己很糟，或觉得自己很失败，让自己或家人失望 | 0 | 1 | 2 | 3 |
| 7. 很难集中精神做事，例如看报或看电视 | 0 | 1 | 2 | 3 |
| 8. 动作或说话速度缓慢到别人可察觉到的程度，或正好相反，烦躁或坐立不安，动来动去的情况远比平常多 | 0 | 1 | 2 | 3 |
| 9. 有不如死掉或用某种方式伤害自己的念头 | 0 | 1 | 2 | 3 |

计分方法：9个条目的得分相加得总分，总分范围0~27分。

不同分数提示：

0~4分　目前没有抑郁症状，请您继续保持。

5~9分　目前可能有轻微抑郁症状，请关注自己的情绪健康，尝试自我调整，建议咨询精神科医生或心理医生，过段时间再自我监测。

10~14分　目前可能有中度抑郁症状，建议咨询精神科医生或心理医生，考虑心理咨询和/或药物治疗。

15~19分　目前可能有中重度抑郁症状，建议咨询精神科医生或心理医生，积极药物治疗和/或心理治疗。

20~27分　目前可能有重度抑郁症状，请尽快咨询精神科医生或心理医生，积极接受专业治疗。

## 二、焦虑情绪自评

请尝试回忆自己最近两个星期的状况，并在每个条目中对应的频率上打"√"。

| 最近两个星期里，您有多少时间受到以下问题的困扰 | 完全不会 | 几天 | 一半以上日子 | 几乎每天 |
|---|---|---|---|---|
| 1. 感觉紧张，焦虑或急切 | 0 | 1 | 2 | 3 |
| 2. 不能够停止或控制担忧 | 0 | 1 | 2 | 3 |
| 3. 对各种各样的事情担忧过多 | 0 | 1 | 2 | 3 |
| 4. 很难放松下来 | 0 | 1 | 2 | 3 |
| 5. 由于不安而无法静坐 | 0 | 1 | 2 | 3 |
| 6. 变得容易烦恼或急躁 | 0 | 1 | 2 | 3 |
| 7. 感到害怕，似乎将有可怕的事情发生 | 0 | 1 | 2 | 3 |

计分方法：7个条目的得分相加得总分，总分范围0~21分。

不同分数提示：

0~4分 目前没有焦虑症状，请您继续保持。

5~9分 目前可能有轻微焦虑症状，请关注自己的情绪健康，尝试自我调整，建议咨询精神科医生或心理医生，过段时间再自我监测。

10~13 目前可能有中度焦虑症状，建议咨询心理医生或者精神科医生，考虑心理咨询和/或药物治疗。

14~18 目前可能有中重度焦虑症状，建议咨询精神科医生或心理医生，积极心理咨询和/或药物治疗。

19~21 目前可能有重度焦虑症状，您尽快咨询精神科医生或心理医生，积极接受专业治疗。

## 三、压力感受量表

以下问题询问您在过去的四个星期里的一些感受和想法，对于每一个问题，请选出符合你自己情况的分值。

| 最近四个星期里，您是否出现下列感受和想法 | 从未有 | 几乎没有 | 偶尔 | 经常 | 非常多 |
|---|---|---|---|---|---|
| 1. 有多少时间您因为发生意外的事情而感到心烦意乱 | 0 | 1 | 2 | 3 | 4 |
| 2. 有多少时间您感到无法掌控生活中重要的事情 | 0 | 1 | 2 | 3 | 4 |
| 3. 有多少时间您感觉到神经紧张或"快被压垮了" | 0 | 1 | 2 | 3 | 4 |
| 4. 有多少时间您对自己处理个人问题的能力感到有信心 | 4 | 3 | 2 | 1 | 0 |
| 5. 有多少时间您感到事情发展和您预料的一样 | 4 | 3 | 2 | 1 | 0 |
| 6. 有多少时间您发现自己无法应付那些您必须去做的事情 | 0 | 1 | 2 | 3 | 4 |
| 7. 日常生活中有多少时间您能够控制自己的愤怒情绪 | 4 | 3 | 2 | 1 | 0 |
| 8. 有多少时间您感到处理事情得心应手（事情都在您的控制之中） | 4 | 3 | 2 | 1 | 0 |
| 9. 有多少时间您因为一些超出自己控制能力的事情而感到愤怒 | 0 | 1 | 2 | 3 | 4 |
| 10. 有多少时间您感到问题堆积如山，已经无法逾越 | 0 | 1 | 2 | 3 | 4 |

计分方法：问卷10个条目的得分相加得总分，总分范围0~40分。

不同分数提示：

0~10分 本次评测结果显示目前您生活中没有感受到什么压力，一切都在您的掌握之中。

11~20分 本次评测结果显示您目前感受到轻度压力，请注意自我放松和压力管理。

21分以上 本次评测结果显示您目前感受到很大压力，需要采取减压措施，或寻求心理支持。

# 四、失眠严重指数（ISI）

失眠严重指数是一个简短的睡眠自我评估工具，主要用来帮助我们评估失眠的严重程度。请根据您最近1个月的情况，圈出最符合您睡眠情况的选项。

指导语：对于以下问题，请您圈出近1个月以来最符合您的睡眠情况的数字。

| | | | | | |
|---|---|---|---|---|---|
| 1. 入睡困难 | 无 | 轻度 | 中度 | 重度 | 极重度 |
| | 0 | 1 | 2 | 3 | 4 |
| 2. 维持睡眠困难 | 无 | 轻度 | 中度 | 重度 | 极重度 |
| | 0 | 1 | 2 | 3 | 4 |
| 3. 早醒 | 无 | 轻度 | 中度 | 重度 | 极重度 |
| | 0 | 1 | 2 | 3 | 4 |
| 4. 对您目前的睡眠状况满意程度如何 | 非常满意 | 满意 | 不太满意 | 不满意 | 非常不满意 |
| | 0 | 1 | 2 | 3 | 4 |
| 5. 您认为您的失眠在多大程度上影响了您的日常功能 | 无 | 轻度 | 中度 | 重度 | 极重度 |
| | 0 | 1 | 2 | 3 | 4 |
| 6. 在其他人看来，您的睡眠问题对您生活质量有多大程度的影响或损害 | 无 | 轻度 | 中度 | 重度 | 极重度 |
| | 0 | 1 | 2 | 3 | 4 |
| 7. 您对目前的睡眠问题的担心/痛苦程度如何 | 无 | 轻度 | 中度 | 重度 | 极重度 |
| | 0 | 1 | 2 | 3 | 4 |

计分方法：各单项分相加得总分，总分范围是0~28分。不同分数提示如下：

0~7分 没有临床上显著的失眠症：您的睡眠状况良好，请继续保持。

　　8~14分　阈下失眠症：您存在一定的失眠症状，建议积极学习睡眠卫生相关知识，适当调整自己的睡眠习惯和作息规律，若症状加重，建议到专业的睡眠障碍门诊或睡眠障碍诊治中心就诊。

　　15~21分　临床失眠症（中重度）：您的睡眠问题已经影响到您的生活，建议到专业的睡眠障碍门诊或睡眠障碍诊治中心就诊。失眠会在不同程度上造成日间嗜睡，在嗜睡的状态下从事开车、高空作业、操作有风险的机器是很危险的。

　　22~28分　临床失眠症（重度）：您的睡眠问题已经明显影响到您的生活，建议尽快到专业的睡眠障碍门诊或诊治中心就诊；失眠会在不同程度上造成日间嗜睡，在嗜睡的状态下从事开车、高空作业、操作有风险的机器是很危险的，建议能同时评估一下自己的嗜睡情况。

## 五、躯体症状量表

在过去四个星期中，您受到以下问题困扰的程度有多少？请在每个条目对应的程度上打"√"。

| 过去四个星期中，您受到以下问题困扰的程度有多少 | 无困扰 | 有点困扰 | 很多困扰 |
|---|---|---|---|
| 1. 胃痛 | 0 | 1 | 2 |
| 2. 背痛 | 0 | 1 | 2 |
| 3. 胳膊、腿或关节疼痛（膝关节，大腿髋关节，等等） | 0 | 1 | 2 |
| 4. 痛经或月经期间其他的问题（该问题女性回答） | 0 | 1 | 2 |
| 5. 头痛 | 0 | 1 | 2 |
| 6. 胸痛 | 0 | 1 | 2 |
| 7. 头晕 | 0 | 1 | 2 |
| 8. 晕厥 | 0 | 1 | 2 |
| 9. 感到心脏砰砰跳动或跳得很快 | 0 | 1 | 2 |
| 10. 透不过气来 | 0 | 1 | 2 |
| 11. 性生活中有疼痛或其他问题 | 0 | 1 | 2 |
| 12. 便秘，稀便或腹泻 | 0 | 1 | 2 |
| 13. 恶心，排气或消化不良 | 0 | 1 | 2 |
| 14. 感到疲劳或无精打采 | 0 | 1 | 2 |
| 15. 睡眠有问题或烦恼 | 0 | 1 | 2 |

计分方式：15个条目分数相加，总分0~30分，不同分数提示：

0~4分　没有躯体症状。

5~9分　轻度的躯体症状，请注意自我心理调适，持续无改善时寻求专业心理医生的帮助。

10~14分　中度的躯体症状，建议寻找心理医生的帮助。

15分以上　严重的躯体症状，建议寻找心理医生的帮助。

# 六、职业倦怠量表（MBI-GS）

你对工作感到疲惫了吗？可以用职业倦怠量表（Maslach Burnout Inventory-General Survey，MBI-GS）来评估。每一条描述下边都有一个线段，这个线段代表了这样的状况出现的频率。"0"表示从来没有这种情况；"1"表示这种情况一年几次或更少；"2"表示一个月一次或更少；"3"表示一个月会出现几次；"4"表示平均每周都会出现1次；"5"表示每周平均出现两次及以上；"6"表示这样的情况每天都有。在线段上圈出符合你状态的那个数字。

● 工作让我感觉身心俱疲

```
|     |     |     |     |     |     |
0     1     2     3     4     5     6
```

● 下班的时候我感觉精疲力竭

```
|     |     |     |     |     |     |
0     1     2     3     4     5     6
```

● 早晨起床不得不去面对一天的工作时，我感觉非常累

```
|     |     |     |     |     |     |
0     1     2     3     4     5     6
```

● 整天工作对我来说确实压力很大

```
|     |     |     |     |     |     |
0     1     2     3     4     5     6
```

● 工作让我有快要崩溃的感觉

```
|     |     |     |     |     |     |
0     1     2     3     4     5     6
```

● 自从开始干这份工作，我对工作越来越不感兴趣

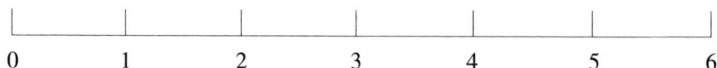

```
|     |     |     |     |     |     |
0     1     2     3     4     5     6
```

● 我对工作不像以前那样热心了

| | | | | | | |
|0|1|2|3|4|5|6|

● 我怀疑自己所做工作的意义

| | | | | | | |
|0|1|2|3|4|5|6|

● 我对自己所做工作是否有贡献越来越不关心

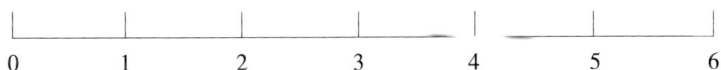

| | | | | | | |
|0|1|2|3|4|5|6|

● 我能有效地解决工作中出现的问题

| | | | | | | |
|0|1|2|3|4|5|6|

● 我觉得我在为公司作有用的贡献

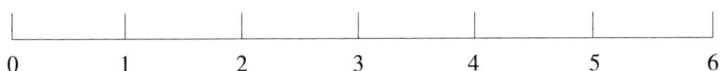

| | | | | | | |
|0|1|2|3|4|5|6|

● 在我看来，我擅长自己的工作

| | | | | | | |
|0|1|2|3|4|5|6|

● 当完成工作上的一些事情时，我感到非常高兴

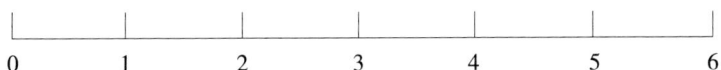

| | | | | | | |
|0|1|2|3|4|5|6|

● 我完成了很多有价值的工作

| | | | | | | |
|0|1|2|3|4|5|6|

● 我相信自己能有效地完成各项工作

| | | | | | | |
|0|1|2|3|4|5|6|

做完后，我们可以了解自己的情绪资源消耗程度、对工作的投入和价值感，以及自我价值。请根据以下提示来计算得分：

● 情绪资源消耗程度：把1~5题的得分相加（总分范围0~30分），通常这个总分越高，代表你在工作中的情绪资源消耗越高，工作会让你觉得特别累、压力特别大，对工作缺乏冲劲和动力，在工作中会有挫折感、紧张感，甚至出现害怕工作的情况。

● 对工作的投入和价值感：把6~9题的得分相加（总分范围0~24分），通常这个得分越高，意味着你越可能刻意和工作及与工作相关的人员保持一定的距离，对工作不像以前那么热心和投入，总是很被动地完成自己分内的工作，对自己工作的意义表示怀疑，体验不到工作的价值。

● 自我价值：把10~15题的得分相加（总分范围0~36分），和前面两项不同的是，这个分数是越高越好。分数越低代表着一个人会对自身的负面评价越多，认为自己不能有效地胜任工作，或者怀疑自己所做工作的贡献，认为自己的工作对社会、对组织、对他人并没有什么贡献，体验不到自己的价值。

在这个评估中，没有一个明显的分界线。因此，做完这些自评，还可以问自己："我对自己的了解与这个评估一致吗？""我开始感觉到担忧了吗？"